인권 현장으로 떠나는 평화로운 화요일

김홍탁·박노자·김창엽·전경자 지음 | 다문화평화교육연구소 엮음
정이나·이홍정·이태호·김도현

도서출판 말

"힘은 진실로부터 나오며 진실은 늘 현장에 있어, 현장에 가는 일인 여행은
그 장소가 가진 진실을 목도하게 하여 결국 우리에게 현실로 돌아가 일상을
다시 시작할 힘을 얻게 한다." 　　　　　　　　　　　　　　　승효상

　건축가 승효상 선생님은 진실이 현장에 있다고 말한다. 그 현장을
찾아가는 여행이 일상에서 살아갈 힘을 제공한다는 말에 전적으로 공감
한다. 매년 다문화평화교육연구소가 주관하는 '시민과 함께하는 인권
서로 배우기'는 현장으로 떠나는 여행이다. 다양한 주제와 관심에 오랜
시간 주목하며 살아온 학자, 진문가, 직가, 그리고 활동기기 경험한 현장
이야기를 생생하게 듣는 시간과 공간이기 때문이다.
　이 책은 2021년 다문화평화교육연구소가 '시민과 함께하는 인권 서로
배우기' 프로그램으로 세 번째 떠난 여행 이야기를 묶은 것이다. '진실을
품은 현장'에서 경험한 이야기를 나누는 자리는 '시민'에게 설렘과 도전
을 주는 시간과 공간이었다. 평일 저녁에 모이는 까닭은 직장에 다니는
'시민'에게 기회를 공유하려는 시도이며 의도였다. 늦은 저녁까지 이어지
는 강의에 자발적으로 참여하려는 동력은 바로 다른 사람과 함께 현장으

로 여행을 떠날 수 있기 때문이리라.

　2021년 '시민과 함께하는 인권 서로 배우기'는 창의적 솔루션, 역사, 보건, 간호, 사회인류학, 종교, 미술, 영화라는 주제를 '인권'과 연관해서 살펴보는 여행이었다. 코로나19 팬데믹 한가운데 사는 '시민'이 직접적으로 대면해야 하는 주제를 더 깊이 살피고, 질문하고, 답변을 찾아가는 여정이었다. 분주하고 바쁜 일정에도 광주까지 찾아와 현장 이야기를 전해주는 강사 선생님 덕분에 서로 비추어 서로 배우는 시간과 공간이 가능했다. 진심으로 고맙다.

　첫 번째 강좌 주제는 '인권과 광고 기획'이었다. 강의를 맡은 김홍탁 대표는 '광고'라는 용어 대신에 '창의성'이란 개념을 사용한다고 말한다. 그래서 자신을 '크리에이티브 솔루셔니스트creative solutionist'라고 소개한다. 사회 전반에 놓여있는 문제와 질문을 낡은 해답으로 더는 풀 수 없으니 '창의적 해결'을 시도하자고 제안한다. '지속가능한 사회를 위한 창의적 솔루션'이란 강의 제목에서 짐작하듯이 정부와 기업 그리고 시민 사회가 지속가능한 사회를 위해 협치하도록 이끄는 온갖 궁리와 통찰을 전한다. 상상력을 구체화할 여러 가지 시도와 실험 그리고 결과물에 관한 제시는 또 다른 창의적 상상과 여정을 꿈꾸도록 이끈 강의였다.

　두 번째 강좌 주제는 '인권과 역사'다. 5·18민중항쟁 41주년 저녁에 마련한 강의는 역사와 인권을 돌아보는 시간과 공간이었다. 한국사와 세계사 모두 깊이 연구하고 성찰하는 학자인 박노자 교수가 2021년

교환교수로 한국에 와 있는 귀한 시간에 강의를 맡아 '한국민중항쟁사에 비추어 본 역사와 인권'이란 제목으로 강의하고, 질문하고 답하는 시간도 진지하게 참여해 주었다. 고려 시대 '만적의 난'부터 조선 시대, 일본제국주의 시기, 해방 후 시기, 1980년대와 1990년대 그리고 지금 여기에서 '인권'은 민초民草가 아래로부터 주도한 저항과 투쟁으로 만들어 온 것이라 강조한다. 역사와 철학과 사상에 능통한 강의를 들으며 역사와 철학과 사상에 더 깊은 공부와 연구가 필요하다고 자극하며 도전한다. 오슬로에서 서울로, 서울에서 광주로 인연과 인연을 이어 함께해 준 박노자 선생님께 고마운 마음이 많다.

세 번째 강좌 주제는 '인권과 보건'이다. 인권에 주목하는 공공보건의료를 생각하는 일은 코로나19 팬데믹이 던진 질문 가운데 하나다. 지역이나 국경으로 통제할 수 없는 코로나바이러스는 '불평등'이라는 과제를 어떻게 '함께' 뛰어넘을까를 묻는다. 정치경제 논리가 도덕적 책임보다 앞설 때 효율을 강조하고 결국 혜택을 받지 못 한 사람이 가장 큰 피해를 본다. '인권에 주목하는 공공보건의료 생각하기'란 제목으로 강의를 맡은 서울대 김창엽 교수는 사람으로서 지닌 품위를 지키며 사는 권리가 인권이라고 말하며, 공공보건의료에 관심이 깊어진 '새로운 시대'는 도전이며 기회라고 강조한다. 누구나 건강할 권리가 있다고 외치며, 민주적 공공성이 지역과 사회를 변화시킨다고 제시한다. 국가나 지자체 혹은 정치인이 주도하는 공공성뿐만 아니라 지역사회 시민과 주민이 토론하고 논의하고 요청하는 민주적 공공성이 지금 여기에 절실하게 필요한 때라고 깨닫는다. 누구도 예외 없이 건강할 권리가 있다.

네 번째 강좌 주제는 '인권과 간호'다. '어린 시절을 어떻게 기억하나?' 라는 질문을 던진 후 어린 시절과 청소년 시절 경험에 비추어 성찰하고, 질문하고, 읽고, 고민하고, 대안을 찾아 실천한 여정을 함께 했다. '지역사회에서 함께 자라는 어린이, 돌보는 어른'이란 제목으로 순천향대 간호학과 전경자 교수가 제시한 여정이다. '어린이'란 주제에 사회가 주목하는가? 긍정보다 부정적 답변이 앞선다. 경험을 어떻게 이해하고 해석하고 적용해야 하는지 질문할 필요를 깨닫게 해 준다. 한 아이를 키우기 위해 온 마을과 온 사회가 필요하다. 맞다. 사회와 마을에 어린이가 필요한가? 그렇다. 그렇다면 무엇을 해야 할지 고민하고 행동하면 된다.

다섯 번째 강좌 주제는 '인권과 사회인류학'이다. '쿠바 사회의 권리와 그들이 사는 법'이란 제목으로 강의를 맡은 정이나 박사는 스페인어를 전공하고 멕시코와 스페인에서 공부하고 중남미 사회인류학 박사를 취득하고 쿠바에서 의대를 다니고 있다. 쿠바의 정치, 경제, 사회, 문화에 관해 역사적 고찰과 개인적 연구 그리고 경험에 비추어 쿠바 사회 권리를 강하게 옹호하며 그 느낌을 전했다. 라틴아메리카 역사와 상황에서, 그리고 미국과 연결망에서 쿠바를 조망할 수 있다고 강조하며 상대적 빈곤과 절대적 빈곤 차이를 인식할 필요를 요청한다. 빈부 불평등이 없고 배제가 없으며 포용 시스템이 작동하는 평화로운 사회로 쿠바 사회를 묘사한다. 코로나19 팬데믹 상황에서 제일 먼저 배제되고 무시될 존재를 최우선적 고려하고 배려하는 사회적 가치와 공동체 의식도 소개했다. 최근 쿠바에서 가장 어려운 사회 문제가 무엇인지 묻는 말에 "인터넷 보급 등으로 퍼지는 가짜뉴스"라고 말한다. 정말 있는 모습 그대로 묘사하고, 말하고, 전하고, 기록하는 일이 얼마나 소중한지 알 수 있다. 쿠바 사회 공동체 의식과 포용 시스템이 어려운 형편에서 서로 보듬는 중요한 가치이며, 사람 생명을 가장 우선하는 쿠바 사회를 옹호한다고 강조했다.

여섯 번째 강좌 주제는 '인권과 종교'다. 한국기독교교회협의회NCCK 총무로 재직하는 이홍정 박사가 '분단된 한반도에서 평화의 길을 묻다'라는 제목으로 강의했다. 한반도 분단과 냉전 현실을 존재론적 경험으로 성찰하고 나누는 이야기는 한국 근현대 역사, 한반도 주변국 정세, 그리고 북한 이해를 포함해 포괄적 시각과 관점을 갖도록 이끌었다. '한반도 평화 프로세스'를 통한 평화 만들기 여정에 시민이 주체적으로 참여할 필요가 있음을 피력한다. 남과 북, 그 사이에 선 존재라는 자의식을 갖고 살아온 그는 2018년 9월 평양정상회담 특별수행원으로 참여하며 새로 태어나는 한반도를 꿈꾸었다고 말한다.

일곱 번째 강좌 주제는 '인권과 미술'이다. '미디어아트, 명화에 생기를 불어넣다'라는 제목으로 이이남 작가가 강의를 맡았다. 미디어아트 작업의 뿌리는 어린 시절 뛰어놀던 자연환경이었다. 어린 시절 성장 과정이 작품 세계 자양분이라고 말한다. 그리고 '사람'과 만남이 지닌 의미, 사람을 통해서 일이 이루어지는 것을 깨닫는다고 고백한다. 명화를 빌려 재해석하는 새로운 작품 세계는 광주를 비롯해 부산과 서울, 북경과 상하이와 허난성, 벨기에와 독일 등 전 세계에서 이이남 감성과 정체성을 부각했다. 이이남 작품 세계가 독보적인 이유는 흉내나 모방이 아닌 새로움에 기초한 새롭고 창의적 시도를 하는 것이다. 반전, 존재에 대한 성찰, 스스로 비추어 돌아봄, 지역사회에서 함께하는 작품 활동을 주목하는 여정을 엿볼 수 있었다.

여덟 번째 강좌 주제는 '인권과 영화'다. 덴마크 가정으로 입양된 입양인 감독 선희 엥엘스토프트Sunhee Engelstoft가 생물학적 어머니를 찾아가는 여정에서 만난 미혼모 이야기를 다큐멘터리로 필름에 담은 영화 〈포겟미 낫-엄마에게 쓰는 편지〉를 함께 시청했다. 영화 시청 후 입양인 인권에 힘써온 김도현 뿌리의집 대표와 함께 서로 질문하고 대안을 찾았다. 입양인 인권에 관해 그동안 알지 못했던 사실을 듣고 분개하며 놀라기도 했다. 입양과 입양인 인권에 주목하며 활동할 시민과 기독교인 역할을 요청했다.

다양한 사회적 이슈와 주제가 '인권'과 밀접하게 관계가 있으며, 그와 같은 이슈와 주제에 깊이 관심을 두고 연구하고 활동해 온 학자와 전문가와 활동가 목소리를 직접 듣는 일은 '인권 서로 배우기'가 주는 선물이다. 대규모 강연이 아니라 30명 내외로 모이는 소규모 강의를 진행하는 까닭은 강사와 참여자 사이 거리를 좁혀 아주 가깝게 하기 위함이다. 노르웨이와 쿠바에서 사는 강사도, 서울과 천안에 사는 강사도 기꺼이 광주까지 찾아와 이야기를 들려주니 '시민과 함께하는 인권 서로 배우기' 프로그램을 지속할 수 있다. 현장에서 들려준 목소리와 표정과 호흡을 모두 책에 담을 수 없지만, 강의 원고를 모아서 단행본으로 출간하게 되니 그나마 다행이다. 강의뿐만 아니라 강의 원고도 거의 '강제로' 부탁하다시피 했으나 기꺼이 내어놓고 다른 사람들과 공유하려는 강사 선생님

덕분에 이 책 출간이 가능했다. 다시 한번 더 고마움을 담아 인사를 전한다.

진실이 현장에 있으며, 현장으로 떠나는 여행을 통해서 진실을 만나고, 현실로 돌아가 일상을 다시 시작할 힘을 '시민과 함께하는 인권 서로 배우기' 시간과 공간에서 얻는다고 말하는 시민 참여자가 있어서 든든하다. 지난 4년 동안 '인권 서로 배우기' 시간과 공간에 자발적이고 주체적으로 참여하며, 지지하고 응원해 준 시민 참여자 모두 고맙다. 빛고을 광주에서 평화교육과 인권교육 그리고 다문화교육으로 함께 사는 세상을 꿈꾸며, 그 꿈을 실현하도록 응원하고, 지지하고, 후원해 준 단체회원과 개인회원이 곁에서 동행하니 기쁘고 즐겁다.

2022년 9월 15일
빛고을 광주 예술길 다문화평화교육연구소에서 박흥순

"

이제 젠더 평등은 사회의 모순을 극복하는 운동의
대표적인 용어 중 하나로 자리 잡았다.
특히 유엔UN이 정한 지속가능 발전 목표 SDGs: Sustainable Development Goals의
다섯 번째 항목으로 지정됨에 따라 체계적 접근을 통해 솔루션을 제공해야 하는
전 지구적 사명으로 자리 잡았다.

....

지금까지 젠더 평등과 같은 인권 문제는 당사자나 인권단체 주도의
사회운동으로 표출됐으나, 그에 덧붙여 놀라운 변화가 있었으니
광고계의 적극적 현실 참여다.

"

크리에이티브 솔루션_
젠더 평등의 문제를 찾고 해결책을 제시하다

김홍탁 크리에이티브 솔루셔니스트

젠더 평등의 문제와 지속가능 발전 목표

일전에 몇몇 교수와 저녁을 하는 자리에서 사회복지과 교수 한 분이 우리나라의 높은 자살률에 우려를 나타냈다. 상식적으로 알고 있듯 우리나라는 OECD 국가 중 자살률이 제일 높고 출산율이 제일 낮은 나라다. 자살률이 높다는 것은 현재가 암울하다는 것이고, 출산율이 낮다는 것은 미래가 낙관적이지 않다는 것이다. 통계는 현실을 해석할 수 있게 만든다. 대한민국에 산다는 것에 자부심을 느끼게 하는 데이터는 아니다.

특히 자살에 관한 연구에 관심이 있는 그 교수의 말 중에 내 관심을 끈 것은 대한민국 20~30대 여성 자살률이 높다는 점이었다. "왜 그런가요?"라고 물었더니 상존하는 우울증이 큰 문제라 했다. 우울증엔 여러 요인이 있을 수 있겠다. 대학 시절까지는 능력을 발휘하던 자신이 사회에 진출했을 때 남성 중심 사회와 결탁한 권력이 빚어내는 차별에 대한 자괴감과 증오심이 만든 우울증도 있겠다. 더욱이 결혼했을 경우 육아 및 가사 일을 거의 홀로 담당해야 하는 부담감 등이 큰 압박 요인으로 작용한다고 했다. 소설 『82년생 김지영』에서 충분히 묘사했던 내용이기도 하다. 기사를 좀 더 찾아보니 다음과 같은 내용을 접할 수 있었다.

WHO의 1985~2015년 자살사망자 통계를 활용해 연령별 자살사망률에서 가장 평균인 1951년생을 기준으로 잡고, 5년씩 구분해 자살률이 어떻게 달라지는지 알아봤다. 한국의 경우 출생연도가 비교적 최근일수록 자살사망률이 급격히 증가했다. 1956년생 여성에 비해 1970년생 여성이, 1970년생 여성에 비해 1997년생 여성의 자살률이 높았다. 1951년생 여성에 비해 1982년생 여성의 자살률은 5배 높았고 1986년생과 1996년생은 각각 6배와 7배 높은 것으로 나타났다. 현재 37세인 1982년생 여성들이 현재 68세인 1951년생 여성들보다 5배 이상 더 많이 극단적 선택을 했다는 뜻이다.[1]

이렇게 행복하지 못한 환경은 비혼과 저출산으로 이어진다. 여성의 높은 자살률과 낮은 출산율은 샴쌍둥이 같은 존재다. 조금 길지만 '대한민국 여성의 행복하지 않은 삶'에 대해 언급한 것은 이것이 여권신장

---

[1] "'82년생 김지영' 51년생 엄마 세대보다 "살기 더 고달파"", 「동아사이언스」, 2019. 06. 27.

운동의 중추신경이기 때문이다. 전 세계적으로 남권 신장 운동이 활발하지 않은 것은 이 세상이 여전히 남성 중심으로 구동된다는 것을 의미한다. 그들은 누리는 존재고, 특히 저개발국가에선 여성을 도구로 취급하는 존재다. 최초의 남자 아담은 히브리어로 '사람'을 뜻하는 고유명사라 한다. 달리 말해 애당초 여자는 사람이란 범주의 절대 기준이 아니었던 것이다.

여권신장을 위한 페미니즘 운동은 저널, 논문, 방송 등을 통해 많이 알려져 왔다. 그리 길지 않은 역사의 페미니즘 운동이지만 지금까지 강력한 임팩트를 사회에 던졌다. 그러나 갈 길은 멀다. 인도에서는 아직도 여성들이 윤간을 당하고 가족에게도 더러운 인간으로 낙인찍히는 2차 피해를 보는 일이 빈번하다. 미군이 철수한 아프가니스탄에서 여성들은 탈레반이 낡은 율법으로 자신들을 옥죌까 봐 전전긍긍하고 있다. 반면 긍정적인 변화도 있다. 2018년 사우디아라비아에서는 여성의 운전면허 취득이 가능해졌다. 더뎌도 해결하려는 움직임은 계속되어야 한다.

21세기 현재 페미니즘은 성 소수자 인권과 더불어 젠더 평등Gender Equality의 두 축을 형성하고 있다. 이제 젠더 평등은 사회의 모순을 극복하는 운동의 대표적인 용어 중 하나로 자리 잡았다. 특히 UN이 정한 지속가능 발전 목표 SDGs: Sustainable Development Goals의 다섯 번째 항목으로 지정함에 따라 체계적 접근을 통해 솔루션을 제공해야 하는 전 지구적 사명으로 자리잡았다. 한마디로 여성과 성 소수자의 인권 문제를 정의 내리고 해결하는 사회운동의 푯대가 된 것이다.

유엔의 17가지 지속가능 발전 목표SDGs.

지속가능 발전 목표와 크리에이티브 솔루션

지금까지 젠더 평등과 같은 인권 문제는 당사자나 인권단체 주도의
사회운동으로 표출됐으나, 그에 덧붙여 놀라운 변화가 있었으니 광고계
의 적극적인 현실 참여다. 상품의 브랜딩에 힘쓰고, 제품 판매에 영향을
주기 위해 평생을 바쳐온 사람들이 사회문제에 눈을 돌린다는 것이
얼핏 이해 안 될 수도 있지만, 그것은 편견에 지나지 않는다. 광고인은
솔루션 개발에 두뇌와 마음의 근육이 발달해 있는 사람들인데, 그 근육
을 오랫동안 커머셜에 써왔을 뿐이다. 사회적 문제에 대한 인식을 높이
고 무브먼트로 만들기 위해 스포츠 선수나 연예인이 등장하는 것과 같은

16

이치라고 보면 된다. 다른 점이 있다면, 유명인은 자신의 지명도를 통해 빠르게 인식을 높이는 역할을 한다면 광고인은 실질적인 솔루션을 만드는 역할을 한다는 점이다. 그 역할은 몰랐던 문제에 대한 인식을 높이는 것에서 잘못된 법을 바꿔 사회변혁을 이끄는 것에 이르기까지 넓은 스펙트럼을 형성한다.

이 같은 광고계의 변화를 주도한 것은 무엇보다 전 세계 유수의 크리에이티브 페스티벌(이전에 광고제라고 불렸던)2)에서 사회문제 해결을 위한 카테고리를 새롭게 론칭하고 이에 관련한 세미나를 여는 등 여론 형성에 앞서 왔기 때문이다. 세계 3대 크리에이티브 페스티벌인 '칸 라이언즈 Cannes Lions', 뉴욕의 '원쇼One Show', 런던의 '디엔에이디D&AD'가 좋은 예다. 이 3대 거물의 행보가 해를 거듭하며 사회적 가치 창출의 지평을 넓혀 온 결과 세계 광고 산업계도 그 생태계를 바꿔가고 있다. 이러한 환경 변화에 대한 몇 가지 사례를 들어 보자.

2012년 빌 게이츠는 칸 라이언즈와 손잡고 칸 키메라Cannes Chimera 라는 프로젝트를 론칭했다. 이 프로젝트는 "전 세계인으로부터 세상의 문제를 해결하는 솔루션에 대한 아이디어를 공모받아 최종 선정된 우승자에게 100만 달러를 지원해 그 아이디어를 실행하도록 하는 프로젝트

---

2) 4대 매체를 중심으로 이뤄지던 광고(Advertising)란 단어는 미디어의 확장과 디지털 기술의 적용으로 크게 변화된 현시대의 커뮤니케이션 생태계를 대변할 수 없게 됐다. 광고계에서도 이제 광고란 단어를 거의 쓰지 않고, '크리에이티브 Creative'란 단어에 초점을 맞추는 추세다. 2011년 '칸 광고제(Cannes Lions International Advertising Festival)'는 '칸 크리에이티브 페스티벌(Cannes Lions International Festival of Creativity)'로 명칭을 바꾸었다.

빌 게이츠와 칸 라이언즈의 콜라보 프로젝트 '칸 키메라'.

다. 세계 곳곳에서 다양한 아이디어가 모이면 칸 라이언즈에서 선정한 심사위원이 1차 온라인 심사로 10개 팀을 선발한다. 이 팀들은 미국 시애틀에 있는 게이츠 재단 본부에 모여 자신의 아이디어를 프레젠테이션하고, 그곳에 모인 심사위원과 워크숍을 하며 더욱 숙성된 솔루션으로 다듬어가는 과정을 거친다. 크리에이티브한 솔루션이 필요했기에 빌 게이츠는 칸 라이언즈의 도움을 빌렸고, 이에 대해 칸 라이언즈 사무국은 멘토링을 해줄 수 있는 세계 유수의 크리에이터를 심사위원으로 선정, 지원해 주었다. 크리에이티브 솔루션을 창출하기 위해 전 세계인이 머리를 맞댄 집단지성collective intelligence의 힘을 보여준 명쾌한 사례라고 할 수 있다."3)

2016년 칸 라이언즈에는 세미나 헤드라이너headliner로 반기문 당시 유엔 사무총장이 등장했다.

---

3) 김홍탁, "원조에서 솔루션으로", 김홍탁 외, 『지속가능은 가능한가?』(휴먼큐브, 2019), 21쪽.

크리에이티브 페스티벌에 유엔 사무총장이 스피커로 등장하는 것이 의외라 느껴질 수 있지만, 반기문 총장에겐 분명한 이유가 있었다. 그는 2016년부터 2030년까지 15년간 지구촌의 문제를 해결하는 17개 지속가능 발전 목표 설정을 주도했고, 그 문제 해결을 위해 세계 크리에이터가 힘써달라고 당부하기 위해 칸 라이언즈에 등장했다.

반기문 전 유엔 사무총장과 전 세계 Top 6 광고 홀딩 컴퍼니 회장의 만남.

놀라운 것은 반 총장의 키노트 스피치가 끝난 후 전 세계 광고업계를 좌우하는 6개 홀딩 컴퍼니WPP Omnicom, IP, Publicis, Dentsu, Havas 회장들이 나타나 자리를 함께 한 점이다. WPP그룹 마틴 소렐을 비롯해 같은 날 같은 시간에 모이는 게 거의 불가능한 레전드가 자리했다. 반기문 총장은 수많은 스타 광고사를 소유하고 있는 6명의 홀딩 컴퍼니 회장에게 '유엔이 정한 지속가능 발전 목표를 달성할 수 있는 솔루션을 광고인의 창의력을 발휘해 창조해 줄 것'을 약속받았다. 기존의 방식으로는 나날이 복잡해지고 가짓수도 늘어가는 지구촌 문제를 해결하기 힘들다는 것을 알게 되었기 때문이다. 즉, 문제가 복잡할수록 크리에이티브 솔루션이 필요한데 이 부분을 가장

SUSTAINABLE DEVELOPMENT GOALS LIONS

The Sustainable Development Goals Lions celebrate creative
solutions and initiatives that seek to positively impact the world -
work that contributed to or advanced the 2030 Agenda for
Sustainable Development across people, planet and prosperity.

칸 라이언즈와 원쇼의 유엔 지속가능 발전 목표SDGs와 에스
디피SDP 카테고리 신설.

확실하게 해결할 수 있는 집단이 광고인이라 생각한 것이다. 당시의 행사는 목적의 숭고함과 방법의 독특함 때문에 기념비적 사건으로 각인되었다.

이후 2018년엔 칸 라이언즈에서 지속가능 발전 목표 'SDGs' 자체를 새로운 카테고리로 론칭했으며, 2년 후인 2020년엔 뉴욕 원쇼에서도 'SDP: Sustainable Development Pencil'라는 카테고리가 새롭게 론칭되면서 17가지 당면한 문제에 대한 솔루션을 심사하고 수상하는 장을 마련했다.

이 두 거물급 크리에이티브 페스티벌에서 지속가능 발전 목표 자체를 카테고리로 론칭했다는 사실은 창의력이 지속가능한 사회를 이끌어가기 위한 핵심 인자라는 것을 입증한 사례라 하겠다. 특히 지속가능 발전 목표 세 번째인 건강과 웰빙Good Health and Well being, 네 번째인 양질의 교육Quality Education, 다섯 번째인 젠더 평등Gender Equality, 그리고 열 번째 불평등 해소Reduced Inequalities 카테고리에서 여성의 성평등과 삶의 질을 위해 수많은 크리에이티브 솔루션이 선보이면서 마케터, NGO, 해당 국가기관, 종교단체는 물론 일반인도 영감받고 참고할 수 있는 성공적 케이스를 만들어 내고 있다.

이외에도 칸 라이언즈나 원쇼에는 '건강과 웰빙Health&Well being' 자체를 별도의 카테고리로 두었는데, 이 카테고리에서도 빈곤국 여성의 건강과 보건을 위한 솔루션들이 창출되고 있다. 또한 칸 라이언즈에서는 유리 천장을 뜻하는 '글래스Glass' 카테고리를 설정하여 여성 인권에 대한 솔루션을 특별히 다루고 있다.

크리에이티브 솔루션이 젠더 평등을 실현하는 몇 가지 사례

몇 가지 사례를 통해 어떤 형태의 크리에이티브 솔루션이 이 시대에 탄생했고, 그것이 사회문제를 해결하는 생태계를 어떻게 바꾸고 있는지 알아보도록 하자. 여기에 소개하는 사례는 주로 칸 라이언즈의 지속가능 발전 목표SDGs와 원쇼의 SDP 카테고리에서 빛을 발했던 솔루션이다. 특히 올해 첫 회를 맞이한 원쇼 SDP의 초대 심사위원으로 초대받은 필자의 심사 경험이 좀 더 구체적인 이해에 도움이 되리라 판단한다. 소개할 여섯 가지 사례를 통해 여성 인권과 보건, 남녀평등, 그리고 성소수자 LGBTQIA[4])의 평등권을 주창하는 솔루션이 어떠한 변화를 주도

---

4) 기존 LGBTQ에 IA(intersexual과 asexual)가 추가되었다.

하고 있는지 경험하게 될 것이다.

한 가지, 근래에 여권신장에 대한 주제가 다양해지고 있다는 점을 주목할 필요가 있다. 지금까지는 주로 인도나 아프리카 등 저개발국가의 여성 인권, 즉 취약한 보건과 교육, 성 착취 및 폭력 등이 주로 해결해야 할 이슈였다면, 최근엔 선진국에서도 발생하는 남녀 간 인건비 평등이나 기회의 균등을 다루는 솔루션이 갑자기 많아졌다. 새로운 이슈가 부각된 다는 것은 해결해야 할 문제점이 부각한다는 것을 의미하는 것이기에 반가운 일만은 아니다. 한 마디로 여성 인권의 현주소는 여전히 선진국과 저개발국 모두를 아우르는 다층적인 구조적 문제에 직면해 있다.

3-1. 여성 삶의 질 향상을 위한 솔루션

title. Project Free Period
client. Stayfree India
agency. DDB Mudra Group
category. SDGs4_Quality Education/ SDGs5_Gender Equality

[배경] 여성의 인권 평등을 다룰 때 항상 좋지 않은 사례로 등장하는 나라가 인도다. 성적 억압, 교육 차별, 사회적 지위 등 거의 모든 분야에서 그렇다. 여전히 카스트제도가 존재한다면, 불가촉천민(수드라) 급에 해당하는 것이 하층 여성일 것이다. 어떤 여성에게 생리는 아마도 코로나19처럼 이 지구상에서 없어져 버렸으면 싶은 골칫거리이겠지만, 반대

로 생리 기간이 꼭 있었으면 싶은 사람들이 있다. 인도 사창가에서 성을 파는 여성이다. 생리 기간 3일만큼은 손님을 받지 않고 쉴 수 있다는 것이 이유다. 말로 표현 못 할 가슴 아린 현실이다. 누구에겐 없었으면 싶은 3일이 누구에겐 꼭 있어야 할 3일이다.

인도의 성매매 여성의 직업교육 프로젝트 '프리 페리오드Free Period'.

[솔루션] 그들은 이 3일 동안 아이들과 쉬거나, 빨래 등의 밀린 일을 한다. 인도의 여성 위생품 회사인 스테이프리 인디아Stayfree India는 그들이 미래를 위해 뭔가를 구상할 수 있는 것은 단 3일인 생리기간 뿐이란 점에 착안해, 이들의 미래를 위한 작은 투자를 시작했다. 인도의 로컬 NGO 페르나Perna와 함께 전문가와 협업하여 직업교육 프로그램을 기획하고 그들을 교육했다. 예를 들면 뷰티 마사지, 헤나 디자인, 양초 만들기 등이다. 새로움을 익히지 않고는 새로운 미래를 꿈꿀 수 없기 때문이다. 자신뿐만 아니라 백 퍼센트 자신의 직업을 물려받을 딸아이의 미래를 위해서도 이는 필요한 일이었다.

[결과] 그러잖아도 인도에서 생리는 불결한 것으로 여겨져, 생리 기간 중인 여성은 사원에 가거나 심지어 부엌에 들어가는 것까지 터부시되고 있다. 그러나 이 교육 프로그램은 그들의 생리 기간을 가장 순결하고 고귀한 순간으로 바꿔 놓았다. 통계를 보니 프로젝트 이후 10만 일의 생리일이 배움의 날로 탈바꿈했다. 또한 이 프로젝트는 인도에서 가장 터부시되는 매춘부와 생리에 대한 새로운 시선을 요구하는 사회적 아젠다를 이끌어냈다. 무엇보다 그들이 지금의 비참한 상황에서 벗어날 꿈을 꾸게 해주고, 악순환의 사슬을 끊는 결심을 하게 했다는 것이 가장 큰 성과일 것이다.

여성 삶의 질 향상을 위한 솔루션

3-2. 여성 리더의 중요성을 인식시키는 솔루션

title. Lessons in Herstory
client. Daughters of the Evolution
agency. Goodby, Silverstein & Partners, Inc.
category. SDGs4_Quality Education/ SDGs5_Gender Equality

[배경] 미국 역사책을 장식한 위인들은 거의 모두 남성이다. 교과서의

89%가 남성에 관련된, 말 그 대로 남자에 의해 쓰인 남자의 이야기History다. 오늘의 미국을 있게 한 영웅이 크리스토퍼 콜럼버스, 조지 워싱턴, 존 애덤스, 에이브러햄 링컨, 에드가 알랜 포우, 토마스 제퍼슨 말고는 없는 것일까? 결국 어렸을 때부터 배운 교육이 문제다.

증강현실AR 기술을 통한 페미니즘 역사 교육 프로젝트 '레슨 인 허스토리Lessons in Herstory'.

[솔루션] '우리의 딸들이 원하는 세상을 만들어 가도록 돕는다Helping our daughters create the world they want to live in'는 취지로 설립된 '진화의 딸들Daughters of the Evolution'이란 단체는 세미나, 워크숍, 그리고 문제 해결 아이디어를 통해 사회를 바꾸는 일을 하고 있다. 남성과 함께 평행선을 달리며 오늘의 미국을 형성해 온, 그러나 빛을 보지 못한 여성을 어떻게 소개할까라는 과제가 그들이 집중한 프로젝트였다. 이를 해결하기 위해 그들은 증강현실AR 기술을 도입했다. 방법은 매우 흥미롭다. 역사 교과서에 등장하는 남성 인물 위에 폰을 갖다 대면 동시대의 리더였던 여성의 이야기가 증강현실로 펼쳐진다. 한마디로 매직이다. 예를 들어 아이들은 여자 군 입대가 금지되었던 시절 미국 최초의 아프리칸 아메리칸 여군이었던 캐세이 윌리암스Cathay Williams의 존재를 알게 된다. 아이

들은 마술 같은 교과서에 몰입하면서 남녀 영웅을 동시에 발견하게 되고 생각의 균형을 이루게 됐다. 이 AR증강현실 앱엔 19세기 미국의 여성 영웅 75명의 허스토리herstory가 숨어 있다.

[결과] 수많은 교육기관에서 이 앱을 교재로 활용하고 있으며, 이를 통해 학생들이 미국의 역사를 다시 보는 계기를 갖게 되었다. 이 프로젝트는 역사에서 잊힌 여성의 파워를 부각하면서 역사를 바꾸고 지평을 넓혔다는 점에 의미가 있다. 또한 '진화의 딸들Daughters of the Evolution'과 같은 여성 리더를 키우기 위한 체계적인 조직이 탄생했다는 것, 그들의 노력을 통해 공교육에 영향을 주고 있다는 점 역시 시사하는 바가 크다.

여성 리더의 중요성을 인식시키는 솔루션

3-3. 여성의 사회적 역할 증진을 위한 솔루션

title. Fearless Girl
client. State Street Global Advisory
agency. McCann New York
category. SDGs5_Gender Equality/ SDGs10_Reduced Inequalities

[배경] 2017년 3월 7일 뉴욕 맨해튼 남쪽 월스트리트에 세계 여성의 날(3월 8일)을 기념하기 위해 작지만 당당한 소녀상 하나가 세워졌다. 소녀는 두 손을 허리에 얹고 맞은편에 있는 월가의 상징인 황소를 늠름하게 쳐다보고 있다. 투자자문회사 SSGA: State Street Global Advisory가 주도한 이 프로젝트는 21세기인 지금도 기업이나 단체가 남성 위주로 운영되는 것에 반기를 든다. 한마디로 여성 리더십의 힘과 중요성을 설파하는 것이다.

공공 설치미술 작품을 통한 여성 인권 증진 프로젝트 '피어리스 걸Fearless Girl'.

[솔루션] SSGA는 '젠더 다이버시티 인덱스Gender Diversity Index' 펀드의 일주년을 기념하기 위해 이런 아웃도어 퍼포먼스를 펼쳤다. '젠더 다이버시티 인덱스Gender Diversity Index'는 시니어 리더십에 여성을 포진시킴

으로써 젠더 다양성을 실현한 기업을 지지하는 활동을 펼친다. 소녀의 발치에는 '여성 리더십의 힘을 믿어라. 그녀가 차이를 만든다Know the power of woman in leadership. SHE makes a difference.'라고 적혀 있다. 작가 크리스틴 비스벌Kristen Visbal이 만든 이 설치물은 이곳을 찾은 수많은 관광객의 눈길을 끌었으며, 기념 촬영 명소로 자리 잡았다. 이곳을 지나치던 많은 사람이 소녀와 똑같은 포즈를 취하며 남성의 권력으로 상징되는 황소를 가소롭다는 듯 쳐다보는 일상이 연출됐다. 공공 설치 예술의 힘이 사회에 큰 영향을 미칠 수 있음을 보여준 사례이기도 하다. 여성의 날을 프로모션의 테마로 잡은 점, 늘 사람들로 붐비는 곳이자 남성성의 상징인 월가의 황소상 앞을 장소로 택해 대중의 인식을 높이고자 한 점이 이 솔루션의 영리함이다.

[결과] 이 프로젝트는 740만 유에스달러USD의 가치를 지닌 홍보 효과를 얻어냄으로써 여성의 리더십을 부각하려는 애초의 목적을 충분히 달성했다. 이 솔루션은 또한 세계 최고의 선진국인 미국이 직면한 여권 신장의 문제를 다루고 있기에, 저개발국에서 빈번히 발생하는 여성에 대한 폭력 및 종교적 성차별 등과는 다른 차원의 문제를 제기한 드문 사례로서 의의를 지닌다.

여성의 사회적 역할 증진을 위한 솔루션

3-4. 여성의 경제적 차별 폐지 솔루션

title. Art Gap
client. Standard Chartered
agency. TBWA
category. SDGs5_Gender Equality

[배경] 남녀 간 인건비 차이가 가장 크게 나는 직업은 무엇일까? 방송인? 스포츠 선수? 금융업계 임원? 쉽게 추측이 안 된다. 그 답은 놀랍게도 아티스트다. 2017년 옥스포드 대학 연구에 의하면 아트마켓에서 여성 아티스트 작품은 남성 아티스트의 작품보다 평균 47.6% 낮게 팔린다고 한다. 절반 값이란 얘기다. 이런 상황이 평등해지려면, 여성 아티스트가 그림을 47.6%만 그리면 된다는 우스꽝스러운 결론이 나온다(한국 아트 시장에서 남녀 작가의 작품 가격 차이는 34.6%다). 세계 경제 포럼에 의하면 지구촌 남녀 간 임금 격차가 완전히 없어지는 데 217년 걸린다고 한다.5)

[솔루션] 그런데 그 우스꽝스러운 생각을 실행에 옮긴 전시회가 열렸다. 화폭의 절반이 비어 있는 기획전이다. 전시회 타이틀도 '아트 갭Art Gap'. 아트 갭은 2019년 중동 지역에서 가장 규모가 크고 큰 손 컬렉터들이 모이는 두바이의 '월드 아트 두바이World Art Dubai' 전시회에 모습을 드러냈다. 11개국 19명의 여성 작가가 캔버스의 절반만을 채웠다. 이

---

5) '지구촌 남녀 임금격차 완전 해소에 217년 걸린다', 연합뉴스, 2018. 1. 20.

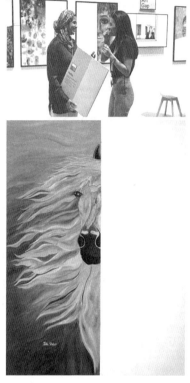

행사는 세계 여성의 날을 맞아 스탠다드 차터드 뱅크가 기획했는데, 스탠다드 차터드 뱅크는 '히어 포 굿Here for good'이라는 사회공헌 캠페인 주제 아래 남녀 간 임금 평등gender pay equality에 꾸준히 주목해 왔다. 어처구니없을 정도의 불공정한 가격 격차를 없애려는 이 아트 무브먼트는 그림으로 선언하는 소리 없는 아우성이 되어 전시 공간에 울려 퍼졌다.

예술작품 가격의 남녀 차별을 다룬 프로젝트 '아트 갭Art Gap'.

[결과] 이 전시엔 단 나흘 동안 일만 명이 넘는 관람객이 방문했고, 140만 USD의 언드미디어earned media 효과를 기록하면서 남녀 간 인건비 평등에 대한 인식을 확연히 높였다. 방문객 중에는 정부와 은행권, UN의 고위 관계자, CEO, 아티스트 등의 인플루언서들이 대거 포진했으며 이들이 인식을 공유하고 전파하는 데 큰 역할을 했음은 물론이다.

 여성의 경제적 차별 폐지 솔루션

3-5. 여성의 권익을 위한 제도 개혁 솔루션

title.The Tampon Book. a book against tax discrimination
client.The Female Company
agency. Scholz & Friends, Berlin
category. SDGs5_Gender Equality / SDGs3_Good Health and
Well being

[배경] 독일에서 오일 페인팅이나 캐비아caviar, 그리고 요즘 한국에서
아주 핫한 식재료인 트러플에 부과되는 세금은 얼마일까? 7%다. 그러면
여성들이 생리 중 활용하는 위생 필수품 탐폰은? 무려 19%다. 독일에서
럭셔리 상품에 부과하는 가장 상위에 속하는 부가가치세율이다. 탐폰이
오일 페인팅보다 더 럭셔리한 상품인가? 왜 이런 일이 벌어졌을까? 남자
가 법을 만들었기 때문이다. 50년 전 독일에서는 남자만 모여 법을 제정
했는데, 당시 여성 위생용품에 19%라는 엄청난 세율을 부과했다. 그리
고 그 법이 여전히 유효했다. 심지어 아프리카 케냐에서도 이런 어리석
은 법을 개정했는데, 칸트를 배출한 이성의 나라 독일에 이런 말도 안
되는 상황이 존재했다.

[솔루션] 온라인으로 탐폰을 판매하는 '더 피메일 컴퍼니The Female
Company'에서 묘안을 생각했다. 책에는 7%의 세금만 부과되기에, 책
속에 탐폰을 끼워 넣어 책값으로 판매하는 것이다. '탐폰북Tampon Book'

이 탄생하게 된 배경이다. 40페이
지로 구성된 이 책엔 15개의 탐폰
이 들어있고, 책 내용은 성 불평등,
어리석은 세금책정 제도, 생리에
대한 올바른 사회 인식에 관련된
삽화와 텍스트로 구성되어 있다.
이 책은 일주일도 안 돼 1만 권이
판매됐다. 스마트한 세금 회피 방
법을 찾아낸 것이다.

[결과] 정작 중요한 것은 탐폰북이
법을 개정하게 만든 사실이다. 독
일의 가장 큰 방송 매체들이 탐폰북
을 다뤘다. 여론이 형성되면서 법

탐폰의 부가가치세율법을 바꾼 프로젝트 '탐폰 북
Tampon Book'.

개정을 요구하는 탄원이 필요 인원수 15만 명을 넘겼다. 인플루언서,
정치인, 저널리스트들이 연대해 법 개정 운동을 열렬히 지지했다. 마침내
2019년 11월 7일 독일은 탐폰세를 폐지했다. 탐폰북이 법을 바꾼 것이다.
탐폰북은 흥미로운 책이자 스마트한 판매방식이었고, 무엇보다 50년
동안 묵혀 있던 근본 문제를 해결한 실질적인 크리에이티브 솔루션이었다.

여성의 권익을 위한 제도 개혁 솔루션

3-6. 성 소수자의 권익 증진 솔루션

title. The Wedding of Siri & Alexa_The first A.I. Marriage
client. Vienna Tourist Board
agency. Serviceplan and Plan.Net
category. SDGs5_Gender Equality/ SDGs10_Reduced Inequalities

[배경] 2019년 6월 비엔나 관광공사Vienna Tourist Board는 비엔나에서 개최된 게이 커플 축제 '유로 프라이드Euro Pride'에서 특별 이벤트를 준비했다. 우리 일상에서 가장 친숙한 AI인 Siri와 Alexa의 결혼식을 치른 것. 타이틀에서도 보이듯이 세계 최초의 AI 결혼이다. 그런데 여기서 한 가지, 그 둘은 게이 커플이었다는 사실이 밝혀진다. 세상에 그 둘이 게이었다니.

[솔루션] 이 유별난 이벤트는 비엔나에서 열리는 게이 축제를 돋보이게 했다. 더욱이 유로 프라이드 2019 행사는 2019년 1월 1일부터 모든 종류의 결혼을 지지하기로 결정한 비엔나 시를 홍보하기에도 적절한 타이밍이었다. 해마다 전 세계에선 셀 수도 없이 많은 축제가 열린다. 주최 측에서는 매번 새로운 무엇인가를 궁리한다. 그래도 AI 결혼에 버금가는 깜짝쇼를 생각해 내지는 못했다. 시리와 알렉사는 서로를 자연스럽게 와이프라 부르며 결혼 선서를 하고 동성 결혼의 신기원을 이룬다. 인공지능 시대에나 가능한 인공지능적 아이디어다. 영상 마지막 부분에는

"비엔나는 엘지비티큐아이에이LG BTQIA와 심지어 에이아이AI까지, 모든 이에게 사랑이 싹트는 곳입니다."란 내용의 자막이 뜬다. AI 결혼식이란 특별한 이벤트를 통해 젠더 평등의 주목도를 높이고, 동시에 자유로운 영혼의 도시로서의 비엔나를 잘 부각한 크리에이티브 솔루션이라는 점에서 높은 호응을 받았다.

에이아이AI 게이 커플의 결혼식으로 성 소수자 인권을 대변한 프로젝트 '더 웨딩 오브 시리 & 알렉사The Wedding of Siri & Alexa'.

[결과] 이후 전 세계 게이 커플들은 나름의 방식으로 시리와 알렉사의 결혼 세리머니를 만들면서 자신들의 관계를 축하했고, 그 결과 시리와 알렉사의 결혼은 게이 커플 결혼의 상징처럼 되었다. 이 프로젝트는 게이 커플의 당당한 행보를 알리는 가장 독창적인 사례로 꼽히면서 효과적인 인식 높이기의 모범사례로 자리매김했다. 듣지도 보지도 못한 동성 에이아이AI의 결혼이란 아이디어로 젠더 평등을 색다르게 주장한 것도 놀랍지만, 우리로 치면 관광공사와 같은 관공서에서 이런 용감한 아이디어를 실행했다는 사실이 또 한 번의 놀라움을 선사한다.

성 소수자의 권익 증진 솔루션

사회문제 해결을 위한 솔루션 기대

인간이 화성을 여행할 수 있는 꿈을 실현해가는 21세기 현재에도 여전히 여성의 사회적 역할과 권익의 관점에서 차별이 발생하는 구조적 모순을 우리는 경험하고 있다. 거의 모든 부분의 평등을 저해하는 기저 요소인 빈부격차는 2008년 금융위기 이후 점점 더 그 격차를 벌리고 있다. 영국 의회 보고서에 의하면 2030년 즈음에는 상위 1%의 수퍼 리치들이 전 세계 부의 64%를 차지할 것이라 한다.6) 그에 따라 선진국과 저개발국가 간 여성 삶의 질 격차 역시 더욱 벌어질 수밖에 없다.

또한 소개된 사례를 통해 선진국에서도 오래전 남성이 만들어 놓은 낡은 법이 여성의 일상생활을 옥죄고 있다는 사실과 아트 산업에서도 남녀 간 불평등이 존재한다는 사실을 알게 됐다. 대중에게 알려지지 않은 이 같은 선진국에서의 불평등 사례는 계속 밝혀질 것이다. 성 소수자의 인권은 여전히 상식 이하의 수준으로 취급되고 있으며, 아직도 많은 성 소수자가 벽장에서 나오길 꺼리는 것도 21세기의 현실이다.

이러한 모순은 구조적이기에 그 원인을 잘 파악해내지 못하면 솔루션은 피상적인 것에 그칠 수 있다. 그러한 의미에서 앞서 소개한 사례는 지역의 문화나 제도를 잘 이해하여 그에 맞는 맞춤형 솔루션을 제시하거나Project Free Period/Lessons in Herstory, 여론이 형성될 수 있는 발화점을 잘 포착해 바이럴을 일으키고 이를 통해 원하는 것을 이뤄내는 솔루션

---

6) "10년간 더 커진 빈부격차 … 달라지지 않은 것들', 「BBC NEWS Korea」, 2019년 2월 7일.

Fearless Girl/Art Gap/The Tampon Book/The Wedding of Siri & Alexa을 창출
했다. 이 모든 것이 창의적인 아이디어에 뿌리를 두고 있기에, 앞으로
더욱더 광고인이 사회문제 해결을 위한 솔루션 개발에 몰두하게 될 전망
이다. 바람직한 일이다.

김홍탁

국민대학교 학사, 고려대학교 석사

NYU, School of Continuing and Professional Studies

Creative Solutionist, Founder of 2kg_Creative Solution Lab

전남일보 CCO총괄콘텐츠디렉터

저서로 『금반지의 본질은 금이 아니라 구멍이다』, 『디지털 놀이터』, 『지속가능은
가능한가?』 외 다수

"

기본적인 인권, 즉 신체 자유나 개인의 인격 존엄과 같은
기본권을 밑으로부터 파업하는 노동자가 요구했던 때가 1920~1930년대였다.
인권은 하늘에서 주어지는 것도 아니고 다스리는 사람들이 그냥 내려주는 것도 아니고
말 그대로 처절하게 싸우고 요구해서 결국에 얻어지는 것이라는
점을 확실히 느낄 수 있다.

....

인권 사상의 발전, 인권이라는 이데아의 성립에 있어서 밑으로부터의 투쟁이
핵심적으로 중요하다고 볼 수 있다. 그 투쟁의 과정이 20세기 한국을 관통하는 것이다.
그 과정에 있어서 광주의 5·18이 핵심적 부분이라고 생각할 수 있다.

"

한국민중사에 비추어 본 역사와 인권

박노자 노르웨이 오슬로대학교 교수

1. 민중 항쟁과 인권을 생각하며

이곳에 초청해 주셔서 감사하다. 5월 18일에 광주에 올 수 있는 것은 정말 뜻깊은 일이다. 오늘 강의할 부분은 인권과 민중 투쟁이나. 5·18민중항쟁은 이제 한국에서뿐만 아니라 미얀마를 비롯한 여러 나라에서 민중 투쟁의 상징처럼 되었다. 이것은 세계사적으로는 후기 자본주의 시대 세계체제 주변부 민중 투쟁의 원형으로 인정되었다. 원형, 즉 아키타이프Archetype를 제공한 것으로 봐야 한다. 광주의 경험은 거의 세계 공유재가 된 것 같다. 미얀마에서 홍콩까지 들고 일어나는 시민들이 거의 모두 광주를 일종의 모델로 삼고 있다. 그래서 5월 18일에 광주에서 강의할 때 민중항쟁사와 인권 사이의 관계를 이야기하는 것이 적절하다고 생각했다.

우리가 인권에 대해서 말할 때 대개는 천부인권설을 거론하고 자연인 권이라고 한다. 천부天賦라는 말을 직역하자면 '하늘이 내린 인권'이라는 뜻이다. 그런데 사실 하늘은 아무것도 내리지 않는다. 하늘, 즉 자연의 세계는 인권도 동물권도 없다. 자연의 세계는 먹이사슬로 이루어져 있는 곳이다. 거기에는 권리의 개념 자체가 없고, 진화학적으로 먹이사슬에서 차지하는 위치에 따라서 각 객체의 운명이 좌우되는 것일 뿐이다. 거기 에서 그 권리를 논한다는 것 자체가 무의미하다.

인류 역사를 보면 애당초에 피치자被治者 권리를 논하기가 그렇게 쉽 지는 않았다. 초기 계급사회에서 대체로 통치방식은 일방적이었다. 우 리는 가끔 유교 문화권에 있어서 민본民本사상 이야기를 한다. 민본사 상이 공자가 제창하고 맹자가 언급했다고 주장하지만, 정치이념화 된 것은 송나라 이후로 상당히 늦은 시기다. 초기의 계급사회뿐만 아니고 초기 제국들, 예를 들어서 진秦나라나 한漢나라 같은 동아시아 대표적 인 제국 같은 경우에는 권리 개념이라기보다는 차라리 상벌의 개념으 로 논할 수 있었다. 피치자가 법에 맞지 않게 행동했을 때 벌주고, 순응 했을 경우 상을 주는 것이 초기의 법치이었다. 권리의 개념이 아닌 상 벌 개념에 근거해서 통치를 수행한 것으로 봐야 한다. 결국 피치자한테 권리가 생긴 것은 치자治者와 피치자被治者 사이 역학 관계에 따른 것이 다. 이 역학 관계가 바뀔 수 있는 가장 중요한 국면 중의 하나가 바로 항쟁이다.

우리가 유럽 역사를 이야기할 때 가장 먼저 입헌 국가를 세운 나라

중 하나인 잉글랜드와 영국사를 자주 언급을 한다. 그런데 영국사에서 농노제가 거의 종적을 감추는 계기는 바로 와트 타일러의 봉기Wat Tyler's Rebellion이었다. 마찬가지로 이웃 국가 프랑스의 자케리아Jacquerie 봉기 같은 사건은 그때까지 있었던 농노제적 요소에서 벗어나는 데 중요한 역할을 한 것으로 평가한다. 그러니까 피치자가 권리를 찾아가는 중요한 국면 중 하나가 바로 항쟁사라고 볼 수 있다.

우리가 유럽에 관해 이야기할 때 민주주의, 즉 '1인 1표 주의'가 유럽 문명에 속하는 당연한 일처럼 말한다. 그런데 사실은 19세기 말까지만 해도 영국 사회에서 민주주의democracy 같은 말은 굉장히 체제 전복적이고 불순한 말로 들렸다. 특히 보수적 귀족들은 민주주의democracy를 반反사회적인 제도라고 생각했다. '1인 1표 주의'와 같은 보편적 선거권이 영국에서 정착한 시기는 제1차 세계대전 이후이며, 아주 긴 투쟁의 과정에서 획득한 것이다. 노동자가 투표권을 얻은 것은 19세기 중반의 차티스트Chartist 투쟁에서 시작한다. 이는 민주화를 위한 투쟁이었다. 여성의 투표권 획득 투쟁, 즉 서프라제트Suffragette 운동 역시 굉장히 치열한 저항의 과정이었다. 그러니까 '1인 1표 주의'를 우리가 지금 당연한 권리라고 생각하지만, 사실은 차티스트 운동부터 보편적 선거권이 생길 때까지 기간이 약 85년에서 90년 정도로 생각할 수 있다. 그야말로 거의 한 세기에 가까운 투쟁사가 있는 것이다. 천부인권이라는 것이 결국에는 치자와 피치자 사이에 투쟁과 협상의 총체적 결론이라고 보는 것이 맞다. 그런 차원에서 한국 역사 속에서 이제 민중 항쟁과 인권 성립 역사를 한번 생각해보려고 이 강의를 마련했다.

2. 만적의 난-세습 신분제에 대한 '자연법적' 항의 뜻을 담아

가끔 세습적인 특권을 비판할 때 잘 써먹는 표현이 있다. "왕후 장상의 씨가 따로 있냐?" 누군가가 계속해서 뭔가를 해 먹으면 비판하는 말로 우리가 잘 쓰는 표현이다. 그런데 사실은 『고려사』에 나오는 말을 조금 바꿔서 사용한 것이다. 무신 정권 때 최충헌의 노비였던 만적의 반란 시도를 서술하는 맥락에서 나온다. 만적은 추종자들에게 "將相寧有種乎? …… 吾輩安能勞筋骨, 困於捶楚之下장군과 재상들의 씨가 따로 있느냐 …… 우리가 왜 채찍 밑에서 우리 뼈만 수고롭게 해야 하느냐?"(『고려사』, 신종 원년 기록. 1198)라고 이야기한 것으로 유명하다. 만적이라는 사람은 최충헌의 사노비였다. 이의민李義旼 같은 천한 출신이 무신 정권 시절에 무대에 나서는 것을 보고, 노비제의 존재 근거가 무엇이고, 왜 어떤 사람은 귀족이 되고 어떤 사람은 노비 되는가를 묻기 시작한 것이다. 말하자면 노비 만적이 세습 신분제에 대한 문제의식을 느낀 것이었다.

그래서 만적은 노비 각자가 자기 주인을 죽이고 노비들이 집권해서, 노비제를 폐지하자고 공모했다. 하지만 그 반란 시도는 불발로 끝났다. 순정이라는 노비가 고발했고, 수백 명의 반란 가담 노비들이 잡혀가서 손발이 묶인 채 강으로 던져서 익사 당했다. 동지들을 죽음으로 내몬 고발자는 순금 80냥을 상으로 받았다. 역사는 그렇게 기록한다. 그런데 실제 가담자가 수백 명에서 수천 명으로 헤아려졌고, 많은 가담 노비들을 그냥 불문에 부치고 죽이지 않았다고 보는 연구자들도 있다. 물론 만적 같은 선구적인 노비 사상가들이 반란을 꾀했다고 해서 노비제가 없어진 것도 아니고, 노비의 인권이 생긴 것도 아니다. 그런데 이와 같은 시도가 일회성에 그치지 않았고, 노비들의 수동적인 저항과 적극적인 저항이 계속해서 있었고, 그 과정에서 노비들의 입지도 조금씩 강화되는 부분이 있었다.

16세기 일기 자료를 보면 명문가 양반이 잘못한 자기 노비에게 사형私刑을 가해 죽이는 게 그렇게 어려운 일이 아니었다. 충분히 가능했던 일이다. 그런데 18, 19세기에는 그와 같은 일이 굉장히 큰 문제가 되곤 했다. 노비가 공민으로서의 위치가 좀 더 강화되어 갔기 때문이다. 결국 순조 때 관노비들이 먼저 해방됐고, 갑오개혁 때 사노비까지 혁파되고, 실질적으로는 노비제의 마지막 잔재들이 일제 말기 그리고 특히 한국전쟁 때 사라졌다. 마을에서는 누가 노비였는지 더는 기억 못 할 정도로 인구가 뒤섞이고 뒤바뀌며 노비제가 청산됐다. 어쨌든 한 번 반란으로는 노비제가 철폐되지는 않았지만, 수많은 움직임으로 결국에는 한국에서 세습적인 신분제를 근설시키는 역할을 했다고 볼 수 있다.

사실 이념적으로 생각한다면 송나라 시대 유학인 성리학이 원칙적으로 조선 시대의 세습 신분론을 뒷받침해주지는 않는다. 주자朱子라든가 다른 성리학자의 저서 자체를 보면 공자 말대로는 공부에 있어서는 계급이 없다. 유교무류有敎無類라고 하거나 성근습원性近習遠이라고 해서 모든 사람이 타고난 본성은 같지만 습관은 다르다는 게 유교의 논리다. 원칙상 성리학 교리로 따진다면 일체 만민이 같은 백성, 같은 인민 내지 공민이 돼야 하는 논리가 분명히 성립한다. 그런데 조선에서 성리학을 수용했을 때는 실질적으로 강력하게 존재했던 노비제를 고려했다. 그래서 사실상은 삼강오륜三綱五倫 할 때의 오륜에 하나 더 추가되어서 노주奴主, 즉 노비와 주인 사이의 관계를 제6第六의 윤륜倫으로 이야기하고는 했었다. 어떻게 보면 조선에서 성리학을 수용하는 특징이었다. 아주 강력하게 존재해온 노비제를 근절할 수 있는 중요한 이유 중 하나가 끈질긴 노비들의 저항이라고 보면 된다. 이것은 거의 천년 가까운 시간 동안 계속해서 이루어지는 과정이었다.

3. 동학 농민들의 '무장포고문'茂長布告文

동학농민혁명 이야기를 자주 하는데, 동학도가 운동을 어떻게 정의하는가를 보면 굉장히 재미있는 부분들이 있다. 동학에 대해서는 마치 그것이 사회혁명, 즉 후대의 사회주의처럼 이야기하는 경향이 있지만 여기에는 좀 차이가 있다. 실제 동학농민혁명 때는 적어도 토지 재분배 시도는 없었다. 이미 시골에 존재해왔던 토지 소유관계는 동학 농민들도 건드리지는 않았다. 그렇다면 그들이 무엇을 위해서 목숨을 바치려 했는가? 1894년 재봉기를 앞두고 전봉준 등 농민군의 유생儒生 출신 지도자들이 공포한 무장창의문茂長倡義文을 보면 다음과 같다.

…… 공경公卿 이하 방백方伯·수령守令에 이르기까지 국가의 위태로움은 생각지 아니하고 오직 일신의 비대와 가문의 윤택만을 꾀할 뿐, 벼슬아치를

뽑고 움직이는 일을 돈벌이 하는 수단으로 생각하여 과거장科擧場이 마치 물건을 사고파는 저자로 변하고 말았다. 백성에게 걷은 세금과 물건이 국고에 들어가지 않고 도리어 세도가勢道家의 사복만 채우고 있으며, 나라에는 빚이 쌓여 있는데도 갚을 생각은 하지 않고, 교만과 사치와 음란한 생활만을 일삼으면서 조금도 두려워하거나 꺼릴 줄을 모른다. 이에 이르니 온 나라가 짓밟힐 대로 짓밟혀 결딴이 나고 만민은 도탄에 빠져 허덕이고 있다. 벼슬아치들의 탐학이 이러하니 어찌 백성이 궁하고 곤하지 아니하랴. 백성은 나라의 근본인데 근본이 쇠잔하면 나라는 반드시 멸망하고 말 것이다. 이러한 이치인데도 국가를 보전하고 백성을 편안케 할 방책은 생각지 아니하고, 밖으로 향제鄕第를 꾸며 놓고 오직 일신의 온전만을 도모하며 헛되이 국록과 지위를 도적질하고 있으니, 어찌 이것이 옳은 일이라 하겠는가? 우리들은 비록 초야草野에 버려진 백성이지만 임금의 땅에서 나는 곡식을 먹고 옷을 얻어 입고 사는 터, 어찌 앉아서 나라가 멸망하는 꼴을 보고만 있겠는가. 온 나라가 마음을 같이하고 억조창생億兆蒼生이 뜻을 모아 이제 의기義旗를 들어 나라를 보전하고 백성을 편안케輔國安民하고자 생사生死를 같이하기로 맹세하고 일어섰다.

그들이 스스로 쓴 글을 보면 종교적인 부분, 후천 개벽 등을 제외하고 사회적인 부분에 초점을 둔다면, 동학 농민이 원했던 세계는 결국 공公의 세계였던 것 같다. 공의 세계에 관한 철학적인 뒷받침은 일차적으로 물론 조선 시대 유교였다. 그런데 동학 농민들이 보기에는 유교의 기본 원칙들이 조선 말기 사회에서는 지켜지지 않았다. 예컨대 세금은 공적으로 거두어지는 돈이지만 모리배들이 사복을 채우는 도구로 변질한 것이다. 백성이 나라의 근본이어야 하는데 그렇게 하지 않았다. 그래서 결국에 동학 농민들이 스스로 노심자勞心者, 즉 치자가 아닌 노력자勞力者로서 일어선 것이다. 다시 말해서 피치자被治者이지만 공公의 원리가 통하지 않는 위기의 사회에서는 적극적으로 정치에 참여해서 사私가 아닌 공公 위주의 세계를 만들어야 한다고 나선 것이다. 그러니까 동학 농민들이 계획했던 게 사실은 유교 원리를 바탕으로 한 모종의 자생적인 근대화가 아니었을까 싶다. 모두가 정치에 참여할 수 있는 세계는 이미 근대의 세계다. 전근대 세계에서는 정치가 말 그대로 특권 계급의 전유물이다. 그런데 동학 농민들은 백성도 정치에 참여할 수 있는 세계를 꿈꿨고, 그들이 주로 근거로 삼았던 것은 그때까지 제대로 실천하지 못했던 유교 경전들이었다.

조선 후기 같은 경우에는 공공재가 세도가에 의해서 사유화 당하는 정치, 행정 조직 위기의 시대였는데, 동학도들이 그것을 바로 잡고 유교의 자생적인 원리를 기반으로 한 근대를 꿈꾼 것이 아닌가 싶다. 그 판국에 기층민들이 정치에 적극적으로 나서서 나라를 구한다는 것 또는 행정지대administrative rent를 사적으로 추구하는 행위를 공적인 원칙에 근거해서 차단한다는 의미이기도 하다. 그것이 동학혁명의 기본 의미였던 것이며, 또한 제폭구민除暴救民의 원리가 아닌가 싶다.

4. 독립선언서와 인권

이제 3·1운동에 주목하면 33인의 3·1독립선언서도 있지만, 이외에도 그 당시에 발표됐던 선언서들이 수십 장이 있다. 국내에서도 발표된 2·8독립선언서는 동경에서 발표되었다. 중국 심지어 러시아에서도 이렇게 발표된 성명서들이 더 있다. 거기에 공통으로 나오는 것은 독립뿐만 아니라 일종의 민주주의 혁명을 주장하는 강력한 의식을 실감나게 느낄 수 있다. 예컨대 2·8독립선언서를 다시 한번 재음미해 보자.

또 合倂 以來 日本의 朝鮮統治 政策을 보건대 合倂時의 宣言에 反하야 吾族의 幸福과 利益을 無視하고 征服者가 被征服者의게 對하는 古代의 非人道的 政策을 應用하야 吾族에게는 參政權, 集會結社의 自由, 言論出版의 自由를 不許하며 甚至에 信敎의 自由, 企業의 自由까지도 不少히 拘束하며 行政 司法 警察 等 諸機關이 朝鮮民族의 人權을 侵害하며 公利에 吾族과 日本人間에 優劣의 差別을 設하며 日本人에 比하야 劣等한 敎育을 施하야써 吾族으로 하여금 永遠히 日本人의 被使役者를 成하게 하며 歷史를 改造하여 吾族의 神聖한 歷史的, 民族的 傳統과 威嚴을 破壞하고 凌侮하며 小數의 官吏를 除한 外에 政府의 諸機關과 交通, 通信, 兵備 諸機關에 全部 或은 大部分 日本人만 使用하야 吾族으로 하여금 永遠히 國家生活의 智能과 經驗을 得할 機會를 不得케 하니 吾族은 決코 如此한 武斷專制 不正不平等한 政治下에서 生存과 發展을 享受키 不能한지라.

여기에서 보다시피 운동 지도자들이 원했던 사회는 단순히 독립 국가

뿐 아니라 기본적인 정치적 자유가 보장된 독립 국가였다. 사실 이것은 엄청난 발전이었다. 3·1운동이 발발하기 9년 전에 조선은 절대 왕권 국가였다. 조선 말기에 대한자강회부터 시작해서 여러 학회가 입헌군주제 논의를 많이 했지만 실제로 입헌, 즉 헌법을 제정한 적은 없다. 그런데 절대 왕권을 부활시키는 것이 아니라 민주공화제로 가는 것이 3·1정신의 근본인 이유는 여러 가지이다.

3·1운동의 지도자들이 제1차 세계대전 이후에 전 세계적 급진화도 분명히 감안했을 것이다. 그리고 일차적으로 큰 영향 준 것이 중국에서의 공화제 혁명이었을 것이라 생각해야 한다. 좌우간 밑으로부터 분출되는 에너지도 그들이 무시할 수가 없었다. 그래서 여러 독립선언서를 보면 상당수에서 인권이라는 말이 집중적으로 나타난다. 일제가 조선인의 인권을 침해한다는 이야기가 나온다. 그러니까 3·1운동이 민주주의 혁명이라면 이 혁명 속에서 인권 의식이 본격적으로 나타나기 시작했다고 생각해볼 수 있다. 인권이라는 말은 1920년대 굉장히 많이 쓰였다. 대체로는 1920년대에 정기 간행물들을 보면 빈도수 가장 높은 개념어 중에 '개조'改造, '사회 개조' 등이 있으며 또한 가장 빈도수 높은 10개의 개념어 중 하나가 인권이다. 말 그대로 인권 시대, 즉 인권을 본격적으로 말하기 시작한 시대로 이것이 가능해진 이유가 바로 3·1운동 때 밑으로부터 분출된 엄청난 저항의 에너지였다. 그래서 꼭 있는 사람들인 유식층, 유산층뿐만 아니라 저항에 나선 민중들도 인권이나 개인의 인격 존엄을 이야기하기 시작한 것이 1920년대이다. 인권의 개념이 보편화되고 민중화된 것이다.

5. 일제강점기 노동자 '파업'과 '인권'

일제시대 파업 자료 선집 같은 것을 본 적이 있다. 일제시대 파업
운동에 대해서 북한에서 모은 자료를 출판한 것을 입수해서 본 것이다.
주로 파업 관련 신문 보도를 발췌한 것이다. 한국에서도 그 연구는 1980
년대 말에 김경일 선생(한국학 중앙연구원)이 하셨고, 자료를 모아 놓은
것이 바로 『일제하 노동운동사』라는 저서다. 그래서 파업하는 노동자들
요구가 무엇인지 일별해서 정리한 적이 있었다. 사실 일제강점기 노동자
파업 때 투쟁하는 노동자들은 많은 경우 '인권'과 직접 관련되는 내용을
요구했다. 1920년대 대표적인 파업 때의 요구는 다음과 같다.

- 휴일 임금 지급(휴식권)
- 조선인과 일본인 민족 차별 철폐(평등권)
- 작업 중 재해에 대한 보상(노동권)
- 표준임금표 작성(노동권)
- 노동자에 대한 인격 대우(존엄권)
- 폭력적 감독의 파면(존엄권)

1920년대는 파업이 계속해서 많아지는 시대다. 1921년에는 한 40곳
에서 파업이 있었는데 1929년에는 100곳을 넘어섰다. 1929년 경우에는
이미 파업 참가자들이 8,400명 정도였다. 이건 사실 상당히 많은 숫자다.
지금은 노동자가 수백만 명이 있지만, 1920년대 말 조선에서는 공장

노동자 숫자는 10만 명도 되지 않았다. 그런데 파업 참가자가 전체 노동자 중 약 8~9% 정도 될 정도였다. 노조 조직률은 지금보다 훨씬 높았다. 1920년대 말 조선에서 공장 노동자 노조 조직률이 22~25% 정도 됐는데 지금 대한민국은 14%밖에 안 된다. 이 사실은 우리 사회가 퇴보한 것이 아닌가 하고 생각할 수도 있다.

1921년 부산 부둣가 파업, 1923년 서울 4개 고무공장 파업, 서울 전차 파업에서 그들이 한 요구를 보면 인격 대우를 요구한다는 내용이 꼭 들어간다. 대체로 노동자들이 계속 폭력에 시달렸고, 민족 차별까지 가미되어 일본인 감독이나 일본인 십장什長의 폭력행위로 큰 문제가 될 때가 많았다. 그래서 인격 대우를 자주 요구했고, 많은 경우 구체적으로 요구했다. 예를 들어서 노동자를 심하게 때리거나 성추행한 특정 감독이나 십장의 해고와 같은 요구가 계속해서 나타난다. 그러니까 기본적인 인권, 즉 신체 자유나 개인의 인격 존엄과 같은 기본권을 밑으로부터 파업하는 노동자가 요구했던 때가 1920~30년대였다. 인권은 하늘에서 주어지는 것도 아니고 다스리는 사람들이 그냥 내려주는 것도 아니고 말 그대로 처절하게 싸우고 요구해서 결국에 얻어지는 것이라는 점을 확실히 느낄 수 있다. 1927년 2월 27일 밤 조선공산당의 제3차 대회가 채택한 「정치 논강論綱」의 '인권' 관련 조항은 다음과 같다.

- 사상, 언론, 출판, 결사 자유의 획득
- 결혼 양식 타파(사실상 강제적인 중매 결혼의 금지)
- 남녀 동권의 인정

- 백정 차별 철폐

- 고문의 철폐

- 노동법과 사회보장제 확립

- 태형 철폐

- 정치범 석방

조선공산당은 이상적으로는 조선이 사회주의 사회가 되기를 원했다. 하지만 그들은 '두 단계 혁명' 논자들이었다. 두 단계 혁명이란 제1차로 민족·민주 혁명을 통해 조선이 독립적인 민주국가가 되는 것이다. 그리고 독립적인 민주국가가 되는 과정에서 공산주의자들이 원했던 모든 자유, 즉 사상, 언론, 출판, 결사의 자유, 남녀평등의 확립이었다. 그리고 가장 원했던 것 하나가 고문과 태형의 철폐 그리고 사회보장제 확립이었다. 그러니까 그 당시 공산주의자들을 포함한 진보 지식인과 노동자가 느끼는 일제 통치의 가장 큰 모순점 중 하나는 기본적 신체 자유가 보호되지 않는다는 것이다. 고문 철폐나 태형 철폐는 바로 이 부분을 가리키는 것이다. 그러니까 공산주의 운동은 일종의 대안적 근대성을 위한 운동으로 사실은 매우 강력한 인권적인 부분을 함유하고 있었다. 대안적인 근대로 가기 전에 공산주의자들은 일반적 민주주의부터 원했던 것이다. 일반적 민주주의 또한 분명히 신체 자유 정도는 꼭 있어야 하는 것이었다. 그래서 공산주의자들은 구체적으로 조선이 어떤 복지 제도를 가져야 하는가에 대해서 「정치 논강」에서 쓰기도 했었다. 가령 산모 보호 차원에서 출산 2주 전부터 출산 2주 후까지 4주 휴가와 같은 요구들이 있었다.

당시 소비에트 러시아 제도를 참고로 해서 조선을 어떤 복지국가로 만들어야 하는가에 대해 고심한 흔적이 보인다. 현재 사람들이 공산주의라고 하면 이상理想사회 건설 계획이라든지 폭력 혁명을 생각하기 쉽지만, 조선공산당의 일차적인 목표는 민주적인 복지국가 건설이었다. 사회주의 혁명은 그 다음 단계였다.

그 당시 공산주의자들 가운데 이재유(1905~1944)가 가장 유명한 사람이었다. '경성 트로이카'를 기억하는가? 소위 트로이카 방식의 운동은 한 사람의 지도자가 아닌 집단 지도로 문제를 돌파하는 것이다. 이재유가 트로이카를 도입하기 이전에는 기본적인 민주성을 확립하려면 대체로 그 당시 언어를 쓰자면 오르그(organizer, 조직자) 한 사람에 의해서 지도되고 오르그가 동지들을 획득하고 운동을 주도했다. 이렇게 전위가 대중을 획득하는 자체가 사실 비민주적 방식이다. 이재유는 이 부분에 대해서 고민을 했고, 현장 민주주의 확립 차원에서 트로이카 시스템을 도입한 것이다. 이재유가 감옥에 들어간 뒤에 『사상휘보思想彙報』라는 잡지에 기고한 글이 있다. 『사상휘보』는 일본 경찰이 냈던 잡지였는데 재미있게도 일본 경찰이 사상범에게 가끔 투고를 요청했다. 그들이 무엇 때문에 싸우는지 일본 경찰이 배우려고 한 것이다. 조선 사상범은 그렇게 자신의 존재를 나타낼 수가 있었고, 대체로 자기 생각을 가감 없이 쓰려고 했다. 이재유는 일본 동경의 니혼대학을 다닌 사람이라서 일본어로 충분히 아주 복잡한 걸 쓸 수 있는 사람이었다. 그래서 이재유가 그 잡지에 기고한 글을 보면 본인이 어떻게 해서 공산주의 운동가가 됐는가, 자신의 원천적인 분노가 무엇이었는가에 대해 이야기한다. 조선 여자들이 인신매매 당하고, 사창가에서 채무노예가 되고, 경찰과 포주들이 결탁해서 그들이 도망가지 못하도록 한 것이 분노의 시발점이었다고 한다. 일제시대 공산주의자들이 행동한 동기를 살펴보면 짓밟힌 약자의 인권에 대해서 분노하고 분개하고 투쟁에 나선 부분이 상당히 컸다고는 본다.

이재유는 일본제국주의로부터 숨어 활동하며 잡지 발행까지 한다. 『적기赤旗』라는 잡지에서 운동의 구호를 제시하는데, 그 구호는 인권과 연관된 부분이 상당히 많다. 일단 공산주의자들은 사형제도 폐지를 주장했다. 보통 한국의 반공 국가 레짐에서는 공산주의가 대단히 폭력적인 사상을 가진 것으로 그리고 있었다. 그런데 사실은 식민지 시대 공산주의자들이 원했던 세계는 일차적으로는 민주주의 복지국가이고, 민주주의 복지국가는 사형제 없는 국가여야 했었다. 이외에 그 당시 이재유의 구호들은 다음과 같다.

- 노동자 파업 투쟁의 자유, 즉 파업에 대한 경찰과 군대의 탄압 절대 반대.
- 노동조합, 그 밖의 모든 노동자 조직의 자유.
- 노동자를 탄압하는 모든 악법 반대. 특히 치안유지법, 출판법, 폭력행위
  취체령, 제령 7호 반대.
- 모든 정치범 즉시 석방.
- 노동자의 언론·집회·출판·결사의 자유, 정치적 집회·데모의 자유.
- 일체 경영위원회 창설의 자유. 프롤레타리아 자위단 창설의 자유.
- 노동자에 대한 일체의 봉건적 기숙사 강제적 속박 반대.
- 하루 7시간(1주 40시간) 노동제 획득.

- 야만적 노동 강화, 대우 개악, 임금 인하, 시간 연장 등 부르주아적 산업합리 화 절대 반대.
- 동일노동에 동일 임금제 획득.
- 부인·아동의 연기年期 계약제와 매매제 절대 반대.
- 모든 노동자 조직 안에 좌익 결성.
- 아래로부터의 통일전선 강화.
- 경성을 아우르는 산업별 노동조합 촉성.
- 전국적·산업별 노동조합 촉진.

사형제 폐지는 사실 사민주의 운동, 제1, 2 인터네셔널의 요구사항이 기도 했다. 유럽 사회당 사민당들이 대체로 요구했던 사항이었기에 조선 공산당도 같은 목소리를 냈다고 볼 수 있다. 그리고 이재유가 이외에 원했던 게 노동자에 대한 기숙사 제도 속박의 철폐이다. 당시에는 노동 자들을 통제하기 위해서 특히 여성 노동자를 기숙사에 가두고 자유로이 밖에 못 나가게 하거나 사감이 편지를 검열하는 것과 같은 인신구속에 가까운 요소들이 아주 많았다. 공산주의자들은 이것이 인권침해라고 생각했다. 공산주의자들이 원했던 세계는 무엇보다는 노동자에 대한 인신의 자유가 보장되는 세계였다고 생각할 수 있다. 그런 차원에서 인신매매에 대해 반대를 한 것이다. 인신매매는 일본 제국에서 원칙상 불법이었다. 1872년에 인신매매 금지령人身売買禁止令이 내려졌고, 일제 는 1920년대에 인신매매 금지 국제 협약에도 서명했었다. 고약하게도 '식민지는 예외'라는 단서를 붙이고 그 서명을 했는데 원칙상 일본 형법으로도 인신매매가 불법이었다. 그런데 조선에서는 경찰들의 사실상 방조를 받아서 인신매매가 버젓이 자행되었고, 공산주의자들이 이 부분에 대해서 특히 분개하며 가장 기본적 인권인 인신의 자유를 위해서 투쟁했다.

공산주의 운동 관련 문서들을 보면 참 재미있는 것이 있다. 예컨대 박헌영 지도하의 '경성콤그룹'은 일제 말기 마지막 공산주의 지하 단체였다. 일제에 구속당한 그 멤버 중에 홍인의洪仁義라는 사람이 있었다. 조금 독특한 운명의 소유자였다. 원래 함경남도 홍원군 운학면 차상리 출신인데 1920년대 간도로 갔다가 연해주로 이주했다. 1920년대 말까지만 해도 연해주와 간도 사이의 국경은 충분히 왕래할 수 있을 만큼 봉쇄돼 있지 않았다. 소련에서 교육받고 수병水兵으로 크론시타트의 발트 함대에서 복무하고 크림반도에서 노동자로 일했다. 그러다가 공산혁명에 참여하고 싶어서 동방노력자공산대학에 들어가 거기에서 공부한 후 1934년에 조선으로 파견된다. 혁명 조직을 위해서 조선으로 파견된 후 경성콤그룹과 접선하고 조직에 가담했는데 붙잡힌 것이다. 그래서 일본 경찰이 홍인의에게 공산주의가 무엇이 그렇게 좋은지 그리고 운동 가담 동기를 자꾸 캐물었다. 그러자 홍인의가 다음과 같이 답했다.

소비에트에서 살았을 때 너무 좋았다. 왜 좋았는가 하면 일단 주말에 쉴 수가 있었다. 그리고 아동노동이 금지되어 있고, 하루에 7시간 이상 노동할 필요가 없다. 그리고 매년 휴가를 받아 한 달 정도 크림반도에 가서 휴양소에서 쉴 수 있고, 여성들은 산전, 산후 휴가가 6개월 정도다.

그는 공산주의 운동 가담 동기를 이렇게 설명했다. 지금 한국에서 실질적 휴가 기간이 약 13일 정도 남짓한데 홍인의가 이야기했던 한 달 휴가는 아직 먼 이야기 같다. 홍인의는 그때 수감생활을 했고, 해방 때 풀려나왔다. 그리고 조선공산당이 1945년에 재창당 되었을 때 첫 모임에 나타난다. 그리고 그다음 행적에 관해서 알려진 바 없다. 어쨌든 홍인의 사례는 공산주의 운동 속에서 복지라는 이름으로 인권에 대한 갈구가 얼마나 강했는가를 보여준다.

6. 조선노동조합전국평의회의 강령인 '자유'와 '복지'

해방 이후 1945년 11월 5일과 6일에 조직한 좌파적 산별 노조인 전평, 즉 조선노동조합전국평의회의 강령도 '자유'와 '복지'였다. 요구사항들은 "최저임금제, 8시간 노동제, 유급 휴가제, 완전 고용제, 사회보험제, 단체계약권, 언론·출판·집회·결사·시위·파업의 자유, 노동자의 공장 관리" 등이었다. 전평의 지도자들은 식민지 시대의 노동 운동 베테랑들이었고, 최고 지도자는 허성택이다. 허성택 관련 문서를 읽은 적이 있었다. 정말 재미있는 인물이다. 이분은 함경북도 성진군(현, 김책시) 출신으로 일찍부터 소련에 가서 농민으로 일하다가 역시 동방노력자대학에서 학습하고 조선으로 파견되었다. 함경도를 비롯한 여러 곳에서 노조 활동을 하며 파업을 지도하다가 잡혀갔으며, 해방 후에는 전국 노조 지도자가 된 사람이다. 나중에 미군정의 탄압 때문에 월북해서 북한에서 노동상

등의 고급 요직을 차지했다가 숙청 내지 좌천당한 사람이다. 비극적으로 끝난 운명이지만, 어쨌든 이 분이 원했던 것은 사실 지금 우리가 원하는 것하고 거의 똑같다. 최저임금제, 8시간 노동제, 유급 휴가제, 완전 고용제, 사회보험제, 단체계약권 그리고 기본적인 민주주의 권리와 노동자의 공장관리, 즉 경영 참여 정도였다. 노동자도 경영의 한 주체가 되는 것이다.

지금 우리는 완전 고용이 아직 멀었고, 사회 보험 일부는 생겼다. 하지만 노동자 경영 참여는 아직 한국에서 거리가 멀다. 이미 식민지 시대나 해방 직후에 그것이 투쟁의 중요한 항목이었는데 지금까지도 이루어지지 않았다. 그때 노동 운동 또한 인권이라 할 수 있는 수많은 사회적 요구를 포함하고 있었다고 볼 수 있다. 나중에 전평이 탄압을 받게 되고, 탄압에 총파업으로 맞섰다. 이 총파업은 대구 같은 곳에서 민중 봉기로 이어졌고, 대구 항쟁 같은 민중 봉기 때 나온 구호는 무장 탄압 해지, 경찰 발포 정지가 있다. 위험하다 싶으면 무조건 발포해서 사람을 죽였던 경찰이 반인권적인 방식으로 조선인의 생명권을 빼앗았다. 결국에 인권을 이야기하려면 생명권이 가장 중요한 권리가 아닐까 싶다. 대체로 전평도 그렇고 대구 항쟁도 그렇고 식민지 시대 좌파 운동의 베테랑들이 주도하고 요구했던 인권은 신체의 자유, 인신매매 반대, 생명권부터 시작해서 민주주의적 여러 권리인 출판·결사·파업·조직의 자유 그리고 나아가 경제 사회적인 인권, 즉 사회보험제, 사회의 복지제 그리고 노동자 경영 참여 등이었다. 상당히 포괄적이고 매우 고도로 발전한 인권 의식이 있었다고 생각할 수 있다.

그런데 문제는 1948년에 대한민국이 성립되고 원천적으로 대한민국에서 좌익이 배제 대상이 된 것이다. 이미 1948년 이전에 주요 좌파 조직이 불법화되었고, 남로당이나 전평은 무대에서 퇴출당했다. 전평의 자리에 들어선 것은 대단히 보수적인 대한노총이었다. 그래서 대한민국에서 중도 정당 정도가 허용되었다가 곧바로 탄압의 대상이 되었다. 1950년대에 진보당이 허용되었지만, 실질적으로 이승만 정권을 위협할 존재로 커지자 조봉암을 비롯한 지도부를 조작된 혐의로 결국에 법살法殺한다. 좌파는 배제 대상이 되었고, 중도 정당들은 감시와 간헐적인 금지, 간헐적인 탄압의 대상이 되었고, 결국에 게토ghetto화 된 것이다. 즉, 사회의 주변으로 밀려난 것이다. 소위 반공 규율 사회가 이렇게 성립한 것이다. 이 반공 규율 사회에서는 기본적으로 인권보장이 구조적으로 불가능했다. 반공 규율 사회는 인권이 아닌 국권을 위주로 성립한 것이고, 그 이념적 근거도 표피적으로는 자유민주주의였다. 하지만 실제로 이 사회의 지도층은 자유주의나 민주주의를 부정하는 원리들을 지니고 있어서 이승만 시절의 소위 일민주의—民主義라든가 박정희가 이야기했던 한국형 민주주의나 총화 단결론이 나온 것이다. 그것은 사실 자유민주주의를 부정하고 일제 말기 전체주의를 부활시키는 논리라고 볼 수 있다. 그러니까 그런 사회에서 인권이 설 자리는 극히 적었고, 결국 밑으로부터의 투쟁 과정에서 인권을 획득해야 했다.

1) 표현의 자유

소위 통제 언론, 즉 통제받는 언론을 지금도 세계 곳곳에서 볼 수 있다. 북한 언론도 기본적으로는 당의 선전기관이다. 원리적으로 당의 지시대로 움직인다는 기본 전제가 깔린 것이다. 러시아 언론은 지금도 통제 언론이다. 한 가지 사례를 들어 보겠다. 몇 년 전까지 가끔 러시아 국영 항공사 아에로플로트Aeroflot를 타고 한국에 오가곤 했다. 그 항공사는 고지식한 게 있어서 종이 신문을 준다. 지금은 팬데믹 때문에 나눠주지 못하지만, 2010~2016년에 그 항공기를 탈 때 종이신문을 공짜로 나눠주었다. 궁금한 것이 많아서 보통 네다섯 가지 신문을 받아 서로 내용을 비교하곤 했다. 그런데 나중에는 다섯 가지 신문을 다 받아볼 필요가 없다는 결론에 도달했다. 이 신문들이 신문사 편집 데스크에서 작성한 것이 아니라는 것을 확실히 느낄 수 있었다. 다섯 가지 신문을 다 봐도 주요 내용은 거의 똑같았다. 그러니까 통제 언론의 실상을 지금도 여러 나라에서 볼 수 있는 것이다. 한국도 사실은 1980년대 말까지 거의 오늘날 러시아와 큰 차이가 없었다. 소위 보도 지침 제도가 있었고, 보도 지침 이행률은 「조선일보」와 「동아일보」 71~75%, 「경향신문」이 거의 90% 정도였다. 말 그대로 국가가 언론을 선전기관으로 이용하는 실태였다.

거기에서 어느 정도 벗어난 것은 『말』지를 통한 보도 지침 폭로 사건 이후다. 결국 이런 보도 지침 폭로를 의식한 여러 언론인의 투쟁이 아니었다면, 오늘날 국가에 종속되지 않은 한국 언론을 더는 찾아볼 수 없었으리라고 생각한다. 이제는 국가가 언론에 보도 지침을 내리지 않는다. 하지만 광고 수입이 신문의 주요 소득이라면, 사실 보도 지침이 국가가 아닌 다른 곳으로부터 내려온다고 생각할 수 있다. 따라서 그렇게 얻은 표현의 자유도 상대적이다. 하지만 아직도 보도 지침으로 운영하는 다른 나라의 언론과 비교해보면, 상대적으로 밑으로부터의 목소리를 조금 더 들을 수 있어서 한국 언론 읽기가 조금 더 재미있는 편이다. 러시아 언론이나 중국 언론과 비교해 볼 때 한국 언론은 조금 더 풍부한 목소리 들을 담는 부분이 있다. 이것은 결국 보도 지침 폭로 투쟁에서 비롯한 이점이라고 봐야 한다.

2) 신체 자유

다음으로 신체 자유를 이야기하자. 앞에서 언급했지만, 조선 공산주 의자들은 인신매매, 그리고 고문과 태형을 가장 철폐하고 싶었다. 조선 사람이 다시는 매 맞지 않는 세상을 공산주의자들이 원했던 것이다. 그런데 사람들이 언제까지 매를 맞았을까? 아직도 집에서 매를 맞는 것 같다. 공적인 영역에서는 1990년대 말까지 시국범에게 고문이 가해 졌다고 보는 게 맞을 것이다. 김대중 집권 전까지 대체로 정치수들이 고문당했다는 증거들이 나온다. 예컨대 사노맹 사건으로 잡혀간 몇 명을 아는데 대체로 1990년대 중반까지 고문이 자행되었다고 들을 수 있었 다. 결국 고문은 김대중 정권으로 교체하면서 어느 정도 근절되는 추세 에 있었다.

최근 적폐 정권 때 유가려, 즉 탈북자 공무원 간첩 조작 사건의 주인공 인 유우성의 여동생은 수사 과정에서 고문을 당했다고 증언을 했다. 일부 탈북자한테 여전히 한국이란 국가가 고문했다고 볼 수 있다. 그래도 고문을 자행할 수 있는 시간과 공간이 엄청나게 축소된 것도 사실이다. 그런 의미에서 고문에 대한 지속적인 폭로와 고문 철폐에 대한 지속적인 요구가 주효해서 고문이 대단히 많이 감소한 것은 큰 성과라면 성과일 것이다.

지금 세계 많은 국가에서 고문이 부활했는데 그런 측면에서 생각하면 한국에서 고문이 상당 부분 없어진 게 고무적 발전이라고 보아야 하겠다. 미국에서는 9·11 사태 이후 익사 체험waterboarding 같은 형태로 사실상 고문을 부활했다. 러시아 같은 경우는 스탈린이 죽었을 때, 즉 1953년 이후 고문제가 폐지되었지만, 지금은 현실적으로 고문이 부활했다고 보아야 한다. 어떻게 보면 1953년 이전 상태로 되돌아갔다고 할 수 있다. 중국 같은 경우는 대단히 폭넓게 고문을 자행한다고 보아야 한다. 그런 의미에서 한국에서 이렇게 고문이 거의 없어진 것은 아주 큰 세계사적 성과라고 할 수 있다.

다음으로 신체 자유 침해의 경우에는 체벌이 있다. 아무리 자녀 체벌을 법으로 금했다고 하지만, 가정 안에서의 체벌은 지금도 근절되지 않았다고 보는 게 맞다. 학교에서는 2010년 이후 학생인권조례를 채택하고 체벌이 완전히 없어지지는 않았지만, 많이 줄었다. 실제로 체벌을 당해서 뇌사에 빠지고 불구자가 된 사례들이 인권 조례 반포 후에도 계속 있었다. 특히 체대라든가 일부의 폐쇄적 소사회에서 지금도 사실상 체벌이 관습적으로 자행되는 것이라 보아야 한다. 어쨌든 인권 조례 반포와 체벌의 불법화는 신체 자유로 가는 중요한 계기라고 볼 수가 있다. 이렇게

체벌이 근절되지는 않았지만 적어도 불법화될 수 있었던 배경에는 청소
년인권행동 '아수나로'를 비롯한 여러 청년, 청소년 인권 조직의 힘과
투쟁에 있었다. 단순히 국가의 시혜라기보다는 오랫동안 밑으로부터의
운동이 작용했다고 생각할 수 있는 것이다.

다음으로 대한민국에서 신체 자유 침해가 가장 많이 자행되는 것은
외국인 이주민을 상대로 하는 체벌이 아닌가 싶다. 체벌이라기보다 단순
폭행에 가까운 경우가 더 많다. 실제로 얼마나 때리고 얼마나 맞는지
수치화하기가 힘들다. 2015년 국가인권위원회가 시행한 '건설업 종사
외국인 노동자 인권 상황 실태 조사'에 의하면 외국인노동자 중에서
한국인으로부터 폭행을 당한 경험이 있는 사람이 85.7%로 나타났다.
그러니까 건설업 종사 외국인노동자 8할 이상이 적어도 한 번 맞은 적이
있다고 보아야 한다. 특히 농업이나 건설업에 종사하는 외국인노동자
같은 경우에는 신체 자유가 아직도 존재하지 않는다고 생각하는 편이
맞을 것 같다. 그나마 언젠가 좋아지리라고 믿을 수 있는 이유 중 하나는
계속해서 이주 노조를 비롯한 여러 조직이 이 문제를 공론화하고 근절을
요구하기 때문이다. 쉽지는 않겠지만 그래도 이 부분이 언젠가 개선될
수 있다고 생각하는 이유는 바로 이와 같은 투쟁이 존재하기 때문이다.

3) 사회경제적 인권

다음으로 사회경제적 권리인데 앞에서 언급한 복지국가 건설론을
한국에서 처음 이야기한 것이 1920년대 좌파 운동에서다. 그때부터

복지국가의 필요성에 대해서 조선공산당을 비롯한 좌익 단체가 이야기했다. 하지만 실제로 아주 기초적 복지 제도의 건설에 최초로 착수한 정권은 노태우 정권이 아니었을까 싶다. 당시에는 민심의 폭발이 컸고 노태우 정권은 성난 민심을 수습할 모종의 대책이 필요했다. 1980년대 말부터 1990년대 초에 국민의료보험이 일반 적용되고, 노후 연금이 생기고, 국민기초생활보장 제도의 근간이 그때부터 시작해서 김대중 정권 때 확대된 것이다. 결국에 복지국가의 모태적 제도들이 이와 같은 민심의 폭발, 길거리 투쟁에 대처해야 하는 정권의 수습책에서 시작되었다고 생각할 수 있다.

국민기초생활보장법이 제정되었을 때는 IMF 이후다. 그 당시에는 노숙자가 막 생기고 엄청나게 생존 자체를 위협받는 많은 사람이 생겼다. 특히 가난한 가정의 노인들, 자녀들의 부양 의무가 있지만 실제로 부양을 받지 못하고 가난한 상황에 놓인 노인들의 고통이 가시화되었다. 김대중 정권이 국민기초생활보장법이라는 핵심적 복지 제도를 도입할 수밖에 없었던 또 다른 이유는 1996년에 일어난 총파업 때문이기도 했다. 총파업을 경험한 한국의 관료 집단은 어느 정도 복지 제도와 같은 형태의 양보가 없으면 계속해서 가열찬 투쟁이 있으리라는 예측을 했다. 그래서 노동자가 IMF 이후에 신자유주의를 수용하게 만들려면 적어도 복지 제도 같은 당근이 있어야 한다고 판단했을 것이다. 그러니까 민중운동으로부터의 압박이 결국에 이와 같은 제도를 만드는 중요한 계기가 되었다고 생각할 수 있다.

4) 사상과 양심의 자유

다음으로 중요한 또 하나의 권리는 사상과 양심의 자유다. 앞에서 이미 언급한 것처럼, 조선공산당이 양심의 자유와 사상의 자유를 일제시대 때부터 요구했다. 한국에서는 반공 분단 시기에 반공 국가인 만큼 원칙상 처음부터 남북한 대립에 있어서 중립적 자세를 취할 자유가 존재하지 않았다. 분단 상황에서 중립을 지키려는 일부 지식인이 제3국을 택할 수밖에 없는 상황이 벌어지기도 했었다. 유명한 사람들 이야기를 해보자. 한국전쟁이 발발했을 때 '이승만을 위해서 내가 제자들한테 총대 메라고 할 수도 없고, 어느 쪽에도 가담하고 싶지 않다'라고 말하며 제주도에서 일본으로 밀항한 후 일본에서 유명한 조선 역사 연구자가 된 강재언姜在彦(1926~2017) 선생이 있다. 또한 한국전쟁이 발발했을 때 미국에서 살며 중립을 선언했지만, 미국에서도 그게 받아들여지지 않자 나중에 스웨덴으로 가서 웁살라대학교에서 한국학을 창시한 조승복 (1922~2012) 선생이 있다. 이렇게 유명한 중립주의자들이 있었는데 이 분들은 한국에서 당연히 거주할 수는 없었다.

그래서 중립이 불가능한 상황에서 정치적으로 중립을 지키려는 '여호와의 증인' 같은 소수 교단은 사실 한국에서 수난을 겪을 수밖에 없는 상황이었다. 그리고 분단국가이며 반공 규율 사회라면 국가의 명령을 본인의 양심에 따라서 거부한다는 것이 성립할 수 없는 체제였다. 그래서 예컨대 양심적인 병역거부와 이와 같은 개인 자유의 발현은 한국에서 오랫동안 그저 병역기피로 치부했고 가혹하게 처벌받았다. 2002년 이후에 '전쟁 없는 세상'과 같은 여러 시민단체의 꾸준한 투쟁 끝에 비록 징벌적으로 긴 기간이지만, 문재인 정권 때 최초로 기본적 대체 복무제를 도입했다. 지금은 전혀 좋은 방식으로 도입한 것도 아니고 징벌적으로 3년의 긴 복무기간이 결코 공평하다고 할 수는 없다. 하지만 적어도 개인이 본인 양심에 따라서 국가의 살인 교육을 받으라는 명령을 거부할 수 있다는 게 인권 사상 발전 차원에서는 굉장히 중요한 한 단계라고 본다. 개인 양심이 국가 위에 있다는 것을 법 제정으로 확인받은 것이다.

7. 밑으로부터의 투쟁에서 확보한 인권

인권 이야기를 이제 마무리하려고 한다. 지금까지 주로 이야기한 것은 어떻게 밑으로부터의 투쟁 속에서 인권이 조금씩 확보되었는지 살펴본 것이다. 전통 시대에 점차 양천제良賤制, 즉 세습적인 신분제가 일부분에서 약화한 것이 밑으로부터의 투쟁과 절대 무관하지는 않았다. 근대에는 개인의 신체 자유로부터 시작해서 사회경제적 자유와 복지국가 같은 권리개념들이 공산주의운동이라는 밑으로부터 운동의 과정에서 처음 나왔다. 그러니까 인권 사상의 발전, 인권이라는 이데아의 성립에 있어서 밑으로부터의 투쟁이 핵심적으로 중요하다고 볼 수 있다. 그 투쟁의 과정이 20세기 한국을 관통하는 것이다. 그 과정에 있어서 광주의 5·18 이 핵심적 부분이라고 생각할 수 있다.

그런데 이 투쟁의 과정에서 확보한 것이 많지만, 아직 획득하지 못한 것이 여전히 너무나 많다. 예컨대 여전히 표현의 자유가 제한돼 있다. 이석기 전 의원이 90분 동안 연설했다가 9년째 감옥에 있었던 것을 보면 자유민주주의 국가에서 말 그대로 불가사의한 일이다. 상상할 수 없는 일이고 있을 수 없는 일이다. 가장 불가사의한 일은 왜 한국의 시민사회가 대부분 침묵했느냐는 부분이다. 이석기 전 의원 구명위원회도 있고 구명 활동도 있었지만, 한국의 주류 시민사회가 거의 적극적으로 참여하지 않았다. 나는 이석기 전 의원이 생각하는 민족에 대해서 달리 생각하고 있지만, 어쨌든 어떤 발언 때문에 사람이 감옥에 잡혀갈 수 있다면 그건 자유민주의 국가가 아니라고 보아야 한다. 그건 자유민주주의의 기초를 부정하는 거다.

표현의 자유는 여전히 제한이 있고, 사회경제적인 자유는 여전히 기초적 수준이다. 예컨대 쉬운 치료의 접근권은 어느 정도 보장돼 있지만 복잡한 수술은 여전히 자기가 부담하는 몫이 상당히 크다. 고등학교까지 무상에 가깝다고 할 수 있다. 하지만 대학 등록금은 개인 연간 소득에 비례해서 다른 나라와 비교한다면 산업화한 국가 중에서 부담이 가장 높은 쪽에 속한다고 할 수 있다. 의료나 교육이 공공재여야 하지만, 한국에서는 여전히 공공재가 아니다. 많은 이들이 받게 되는 공공복지 서비스는 대단히 열악한 수준이다. 예컨대 국민연금을 받는 사람 중에 150만 원 받는 사람, 70~80만 원 받는 사람, 심지어 40만 원밖에 못 받는 사람도 있다. 사실상 공공 연금이 노후를 보장하지 않는다고 말할 수 있다. 기본적인 사회경제적 인권이 아직은 확립하지 않았다고 보는 것이 맞다.

많은 인권이 원칙적으로 국가에 의해서 인정되지는 않는다. 인권 중에서 매우 중요한 인권은 가족 재결합권이다. 가족의 구성원이 함께 살 권리다. 어떤 국경도 부부나 가족 구성원을 떼어놓으면 안 된다. 원칙적으로 가족이 결합할 권리를 갖는다. 그런데 한국에서는 예를 들어서 노모가 평양에서 살고 이미 연로한 아들이 서울에서 사는 경우 그들한테는 같이 살 권리는커녕 만날 권리도 보장되지는 않는다. 만날 권리는커녕 전화할 권리나 편지 쓰고 받을 권리도 없다. 통신 왕래의 자유가 없다. 사실 기초 인권에 대한 전면적 부정이다. 국가가 이렇게 부정하면 결국에 인권 위에 국권國權을 두는 것과 마찬가지다. 남·북한이 여전히 인권보다 국권을 중시한다고 말하는 가장 중요한 근거는 바로 이산가족의 통신권, 방문권 그리고는 상봉권과 재결합권을 국가가 깡그리 무시한다는 사실이다. 그런 것으로 보면 여전히 국권이 인권 위에 있다고 말해도 과언이 아니다.

앞에서 언급했던 것처럼, 식민지 시대 공산주의자들은 조선인이 식민지인으로 매 맞고 있는 데에 분개했고, 고문과 태형이 없는 조선을 꿈꿨다. 일제가 물러나고 조선에서는 고문과 태형이 없어져야 한다고 생각했었다. 당시에 조선인이 식민지인이었다면 오늘날 한국의 이주민은 내부 식민지인에 가까운 상태에 있다고 해도 큰 과장이 아니다. 그런데 그들의 신체 자유는 전혀 보장되지 않았고, 특히 일부 업종에서 폭행은 관습화, 일반화 되어 있다. 이런 상황이 가능한 곳은 결코 인권 본위의 자유민주주의 국가가 아니라고 보는 것이 맞을 것이다. 사실은 우리가 지금 기초적 인권보장을 받지만, 여전히 신체 자유권이나 표현의 자유도 많이 침해받는다. 또한 가족 재결합권의 경우에는 무조건 인권보다 국권이 우선시되는 나라에서 산다. 이외에도 사회경제적 권리는 기초적 수준 외에는 보장되지 않는다. 그러니까 앞으로 우리가 인권 본위 자유민주주의 국가를 만들어야 한다면, 바로 지금이 시작할 때가 아닌가 싶다. 아직은 말 그대로 시작 단계가 아닌가 싶다.

박노자, 블라디미르 티호노프

상트페테르부르크 국립대학교 동방학부 한국사학과

모스크바 국립대학교 아시아 및 아프리카 학부 박사

노르웨이 오슬로대학교 인문학부 문화연구 및 동양언어학과 교수

저서로 『당신들의 대한민국』, 『전환의 시대』, 『미아로 산다는 것』 외 다수

"

공공보건의료 '강화론'이나 공공병원 '확대론'에는 여러 근거가 있으나,
건강권에서 출발하는 경우는 흔치 않다. 하지만 어떤 측면에서든
공공보건의료를 강화해야 하는 이유에 인권 차원의 건강권이
포함되어야 하는 것은 피할 수 없다.

....

'민주적 공공성'이야말로 한국 의료의 상업화를
역전시킬 수 있는 핵심 전략이라해도 좋다. 이 모든 공공보건의료 강화 전략이
목표로 하는 것이 바로 모든 이의 인권과 건강권이다.

"

인권과 보건, 그리고 공공보건의료 강화*

김창엽 서울대학교 보건대학원 교수, 시민건강연구소 이사장

이 글의 목적은 건강과 보건의 관점에서 건강권 논의를 소개하고 공공
보건의료를 강화해야 한다고 주장하는 것이다. 권리, 인권, 사회권 등을
논의하는 데 흔히 건강권이 등장하지만, 주요 논점은 법률이나 철학
차원에서 그치고 현실의 정책이나 사회운동에는 잘 닿지 않는다. 공공보
건의료 '강화론'이나 공공병원 '확대론'에는 여러 근거가 있으나, 건강권
에서 출발하는 경우는 흔치 않다. 하지만 어떤 측면에서든 공공보건의료
를 강화해야 하는 이유에 인권 차원의 건강권이 포함되어야 하는 것은
피할 수 없다.

---

* 이 글은 2018년 10월 19일 제11회 한국법률가대회에서 발표한 '헌법 개정과
건강권 강화의 방향'과 2012년 7월 『한겨레21』 제919호에 쓴 '민주적 공공성
이 답이다'(http://h21.hani.co.kr/arti/society/society_general/32460.
html)를 기초로 한 것임을 밝힌다.

‘건강권’은 최근에야 자리를 잡은 용어이자 개념이다. 국내 한 중요 일간지에서 1945년 이후 기사를 검색하면, 1980년에 건강권이라는 말을 처음 볼 수 있다. 그 후 이 말은 10여 년 동안 거의 쓰이지 않다가 2000년 이후에야 눈에 많이 띈다. 1972년 개정된 헌법 제31조에 "보건에 관하여 국가의 보호를 받는다"라는 내용이 있어 법 논리로는 이때부터 건강권을 명시한 것으로 해석할 수 있으나, 형식과 내용 면에서 연속성보다는 단절성이 더 큰 것으로 판단한다.

　비교적 새로운 개념과 용어임에도 현재의 용도가 매우 넓다는 것은 주목할 만하다. 건강권은 건강, 보건, 의료, 건강보장, 사회복지 등 여러 분야에서 현상과 지향을 설명하는 근거로 활용한다. 일상적으로 또 대중적으로 용법이 확립된 것으로 보인다는 점이 더 중요하다. 최근 언론 보도에서도 "학생의 건강권과 수면권을 위협한다."(『매일경제신문』, 2017년 6월 10일), "도심에 설치돼 시민의 건강권과 조망권을 크게 해쳤던 송전탑이 올해 말까지 모두 사라진다."(『연합뉴스』, 2017년 6월 7일) 등의 표현을 쉽게 찾을 수 있다. 메르스 사태, 진주의료원 폐업, 삼성 반도체의 직업병 피해를 두고도 논의에 자주 등장한 표현이 건강권이었다.

　이처럼 건강권을 포함하는 표현과 발언의 빈도는 늘었으나, 어떤 의미인지 또는 무엇을 말하는지 사회적 동의가 충분하다고 하기는 어렵다. 실천뿐 아니라 이론적으로도 사정이 크게 다르다고 할 수 없다. 건강권은 사회권 규약 제12조가 규정한 '성취할 수 있는 최고 수준의 신체적, 정신적 건강을 누릴 권리the right to the highest attainable standard of physical and mental health'로 이해하는 것이 일반적이지만, 구체적인 실천보다는 대체로 원리나 철학, 선언이나 지향으로 받아들인다.

보건과 법률이라는 영역 구분에 무관하게 불확실한 개념이 실천의 무력함으로 이어진다는 것이 중요하다. 예를 들어 보건 측면에서는 메르스 유행 당시 의심 환자가 있다는 이유로 한 마을 전체를 격리하면서도 인권 또는 건강권이 의사결정에 거의 영향을 미치지 못했고 의제도 되지 못했다. 건강보험의 보장범위를 확대해야 한다고 주장할 때도 예를 들어 임플란트나 최신 항암제 등 '건강권 보장'이 핵심 논리로 동원된다. 하지만 정책 결정에서 건강권은 수사 이상의 힘을 발휘하기 어렵다. 사법적 판단이 필요한 때도 건강권이 실제적 원리로 작동하기 어려운 것은 마찬가지일 것이다.

1. 건강권, 보건권, 또는 의료권?

헌법적 권리로 건강권을 말하려면 건강권이 무엇을 뜻하는지 규정해야 한다. 세계인권선언에서는 건강과 사회보장에 대한 권리가 건강권과 직접 연관되는 권리다. 제22조에서 '모든 사람은 사회의 일원으로서 사회보장을 받을 권리를 가진다'라고 하였고, 제25조에서는 '모든 사람은 의식주, 의료 및 필요한 사회복지를 포함하여 자신과 가족의 건강과 안녕에 적합한 생활 수준을 누릴 권리와 실업, 질병, 장애, 배우자 사망, 노령 또는 기타 불가항력의 상황으로 인한 생계 결핍의 경우에 보장을 받을 권리를 가진다'라고 명시하였다. 이런 내용은 2차 세계대전 이후 여러 국제기구를 중심으로 인권을 논의한 결과물로, 건강 분야에서는 세계보건기구WHO가 중요한 역할을 했다. 특히 세계보건기구가 건강을 어떻게 이해했는가가 중요한데, 이들은 건강을 "단순히 질병이나 불구가 없는 상태가 아니라, 신체적, 정신적, 사회적으로 완전한 안녕 상태"로 정의했다. 이런 정의는 건강이 단지 생물학적 현상일 뿐 아니라 사회와 환경에 영향을 받는다는 것을 나타내는 것으로, 건강과 다른 권리들의 불가분성과 상호의존성을 나타낸다는 것이 일반적 평가다.

사회권 규약은 건강권을 좀 더 구체적으로 정의했는데, '성취할 수 있는 최고 수준의 신체적, 정신적 건강을 누릴 권리the right to the highest attainable standard of physical and mental health'로 표현했다. 규약의 가맹국이 권리 실현을 위해 취할 조치는 '사산율과 영아사망률의 감소 및 어린이의 건강한 발육을 위한 대책, 환경위생 및 산업위생의 개선, 전염병, 풍토병, 직업병 및 기타 질병의 예방치료 및 억제, 질병 발생 시 누구나 의료와 의학적 배려를 받을 수 있는 여건의 조성' 등을 포함한다. 이 규약이 표현하는 '성취할 수 있는 최고 수준의 건강을 누릴 권리'를 흔히 건강권rights to health이라고 부른다.

'성취할 수 있는 최고 수준'이라는 표현에서 볼 수 있듯이 목표로서의 건강권은 적극적으로 규정되었지만, 권리 실현을 위해 가맹국이 취할 조치는 '건강의 성취'보다는 건강을 위한 일부 개입이나 조치에 머물러 있다. 건강에 대한 권리가 아니라 보건의료 서비스에 대한 권리일 뿐이라는 비판이 나올 정도다. 즉, 사회권 규약의 건강권 개념은 개인이 보건의료서비스를 받을 권리, 그중에서도 현대 의학의 조치를 받을 기회로

좁게 해석했다는 것이다.

건강권을 명확하게, 그리고 실천적으로 유용하게 규정하기 어려운 한 가지 이유는 '건강'의 성격 때문이다. 특히 건강, 보건, 의료의 상호관련성 때문에 발생하는 혼란과 모호함을 해결해야 한다. 간단하게 말하면, '보건의료'가 건강을 유지, 증진, 회복하기 위한 인간의 사회적 활동 투입 또는 '자원'인 것과 비교하여 건강은 그 활동의 결과물이다. 이 둘 사이에는 밀접한 관련이 있지만, 보건의료는 건강이라는 결과물을 산출하는 데에 영향을 미치는 여러 요소, 이른바 '건강의 결정요인' 가운데 하나일 뿐이다.[1] 보건과 의료도 구분할 필요가 있는데, 건강을 위한 사회적 활동 중 보건이 '집단'에 대한 것이라면, 의료는 '개인'에 대한 것이라 할 수 있다.[2] 감기나 설사를 앓는 사람을 진단하고 치료하는 것이 의료라면, 집단에서 감기가 유행하는 것을 예방하고 위생을 개선하려는 것은 보건에 속한다. 사회권 규약의 '성취할 수 있는 최고 수준의 신체적, 정신적 건강'은 건강 결과를 가리키는 데 비해, '사산율과 영아사망률의 감소 및 어린이의 건강한 발육을 위한 대책, 환경위생 및 산업위생의 개선, 전염병, 풍토병, 직업병 및 기타 질병의 예방치료 및 억제,

---

1) 건강은 여러 생물학적, 사회적, 물리적 요인에 영향을 받는다. 쪽방에 사는 가난한 결핵 환자의 건강에는 결핵균, 가난, 주거, 개인의 행동과 습관(담배, 음주, 식사), 치료, 심리와 스트레스 등이 모두 영향을 미친다. 이들 요소를 '건강의 결정요인'이라 부르는데, 최근에는 소득, 교육, 직업과 노동, 주거 등 '건강의 사회적 결정요인(social determinants of health)'에 관심이 크다.
2) 의료를 개인(personal) 서비스로 보건을 집단(population) 서비스로 나누는 것은 엄밀한 구분이라기보다는 일반적으로 통용되고 수용되는 구분이다. 예방접종이나 금연 치료 등 둘을 명확하게 구분하기 어려운 때가 있어 '보건의료'라는 말도 흔히 쓰인다.

질병 발생 시 누구나 의료와 의학적 배려를 받을 수 있는 여건의 조성'
등은 건강에 이르기 위한 노력이나 투입, 즉 보건과 의료다. 건강에 대한
권리는 보건이나 의료에 대한 권리와 일치할 수 없고, 이에 따라 건강권,
보건권, 의료권이 포괄하는 범위와 그 내용이 다르다. 건강권을 인권의
불가분성과 상호의존성 관점에서, 특히 자유권의 시각에서도 볼 수 있다.
전통적으로 건강권, 보건권, 의료권은 주로 결과로서의 건강과 복지
Wellbeing에 관심을 둔다. 원하는 건강 수준에 도달했는지, 필요한 치료를
받을 수 있는지, 접근성에 제한은 없는지 등이 주 관심사다. 문제는
이것으로 충분한가, 특히 여기에 이르는 과정은 상관없는가 하는 점이다.
산출과 결과에만 집중하면 건강과 보건의료의 중요한 측면인 자유와
자기 결정권, 자기 존중, 참여와 민주성 등의 가치는 권리에 포함되지
못한다. 건강과 보건의료, 복지에 큰 영향을 미치는 정책과 제도, 정부와
거버넌스에 참여하고 이를 구성하며 통제할 수 있는 권리(집단적 권리라
해도 좋다)를 어떻게 규정할 것인지도 더 생각할 논점이다.

2. 건강권은 성립할 수 있는 권리인가?

사회권이 전반적으로 공유하는 문제를 제외하면 보건과 의료에 대한
권리는 논란이 크지 않은 것처럼 보인다. 보건의료에 대한 권리right
to health care는 주로 보건의료에 대한 접근성access과 밀접한 관련이
있는데, 일반적으로 접근성은 건강 필요needs가 있을 때 보건의료를 이용

할 기회opportunity를 가리킨다. 보건의료의 접근성을 인권에 해당하는 권리로 인정되기 위해서는 다음 두 가지 조건 중 하나를 충족하여야 한다. ① 건강이 인권이라는 전제 아래 어떤 보건의료가 건강을 달성하는 데에 필수적이어야 한다. ② 건강 결과에 큰 영향을 미치지 않은 보건의료라면 그 자체로 인권적 가치를 포함해야 한다.

개인 차원에서 보건의료에 대한 접근성이 건강 수준 향상과 관련성이 높다는 혹은 그럴 가능성이 크다는 것에 이의를 제기하기 어렵다. 하지만 사회적 인구집단 차원에서 보건의료 서비스가 건강 또는 건강 수준과 맺는 관계는 논란이 많다. 직접적인 인과관계를 증명할 수 없는 경우가 많고, 일반적으로 이해하는 것보다는 보건의료의 기여가 크지 않다는 것이 정설이다. 보건의료에 대한 권리 주장은 건강 수준 향상에 이바지한다는 것에만 의존하기 어렵다.

보건의료에 대한 권리 주장을 확대할 수 있는 것은 보건의료의 가치가 건강에 국한되지 않는다는 점 때문이다. 센Amartya Sen은 불평등한 보건의료를 공정하지 않은 과정process으로 봐야 하고, 이 과정 자체가 정의와 관련된다고 주장한다. 이에 따르면 건강성취 여부와 관계없이 이를 추구하는 과정은 정의의 문제이고, 과정으로서의 평등한 보건의료 접근은 중요한 권리이다. 널리 알려진 센Sen의 능력capability 개념도 이와 연관되는데, 보건의료는 과정이라는 의미를 넘어 능력과 관련된 것으로 해석할 수 있다. 즉, 필요한 또는 요구하는 보건의료에 접근할 수 있는 것은 건강기능을 '성취할 자유'와 연관되는데, 이 능력과 자유는 건강성취achievement 즉 결과와 반드시 일치하지는 않는다. 실제 건강성취와 그것을 성취하려는 자유 또는 능력 사이에는 간격이 있을 수 있으나, 그렇다고 건강을 성취할 자유와 능력이 무의미한 것은 아니다.

보건의료에 대한 권리를 넘어 건강권을 '건강' 결과에 대한 권리로 볼 때 몇 가지 이론적 난점이 존재한다. 첫째, 결과에 대한 권리를 어떻게 볼 것인가 하는 문제다. 건강에 최소 수준이나 적정 수준을 정할 수 없다는 것을 전제하면, 건강 결과에 대한 권리란 이론적으로 '평등한 건강 수준'을 누릴 권리로 보는 것이 자연스럽다. 현실에서는 완전하게 같은 건강 수준을 권리로 인정해야 한다는 주장은 찾아보기 어려운데, 여기에는 흔히 '고칠 수remediable' 없거나 '피할 수avoidable' 없는 요소 또는 드워킨Ronald Dworkin이 말하는 '눈먼 운brute luck'이 건강에 영향을 미친다는 전제가 깔려 있다. 이들은 생물학적 요인이나 개인의 선택은 피할 수 있고 고칠 수 있는 차이의 범위 밖에 있고, 따라서 '결과의 평등'을 지향하기는 불가능하다고 본다. 건강권이나 건강 불평등을 최대 강령적maximalist으로 주장하더라도 '고칠 수 있는 요인'을 주된 대상으로 하는 것은 이 때문이다.

고칠 수 있는 요인에 집중하는 건강권은 실용적이지만, 여러 윤리적, 논리적 도전까지 해결할 수 있는 것은 아니다. 먼저, 현대 의학과 생물학의 발전에 따라 건강을 결정하는 요인들 사이의 경계가 갈수록 불분명해진다는 사실을 무시할 수 없다. 예를 들어 생물학적 소인(유전자)과 환경(물리, 사회적)의 상호작용은 이미 널리 알려져 있고(후성유전학), 겉으로는 개인의 선택으로 보이는 행동(예: 도박 중독)도 생물학적 요인(예: 뇌의 물리화학적 이상)과 무관하지 않다고 한다. 앞으로 '피할 수 있는' 또는 '고칠 수 있는' 차이를 구별해 내는 것은 점점 더 어려워질 것이다.

더 중요한 문제는 달성하기 어렵다고 해서 기회나 과정의 평등이 아니라 결과의 평등을 지향할 수 없는가 하는 점이다. 건강 수준이 그 자체의 중요성뿐만 아니라 기회나 기능, 능력과 관련이 있는 것이라면, 기회나 과정보다는 결과의 평등이 더 중요하다. 이때 결과를 성취하는 것이 가능한가 또는 어떤 수단이 있는가 하는 문제는 부차적이다. 건강에 대한 권리가 삶의 본질적 가치와 관련된 것이라면, 달성 가능성과 관계없이 결과로서 일정 수준(최소 수준)을 넘어 달성할 수 있는 최대치의 평등한 건강을 지향해야 정의롭고 윤리적이다.

건강권을 건강 자체의 평등을 지향하는 것으로 해석하는 것은 실용적인 문제와도 관련이 있다. '피할 수 있는' 또는 '고칠 수 있는'이라는 조건이 실제적인 것처럼 보이지만, 건강의 결정요인을 서로 명확하게 구분되는 영역으로 구분하면 현실에 존재하는 두 영역 사이의 상호의존성을 제거한다. 유전 질환을 앓고 있는 환자에서 전형적으로 이런 문제가 나타난다. 이들에게 '전통적' 건강권이 갖는 의미는 해당 질환이 없는 사람과의 평등한 건강 수준을 지향하는 것이 아니라, 주어진 한도 안에서 최대한 건강 수준을 확보하는 것이다. 여기에 건강 수준의 평등이라는 시각을 적용하면, 소득이나 주거, 노동 등 고칠 수 있는 사회적 결정요인을 이런 환자들에게 더 유리한(동등한 것이 아니라) 방향으로 개선하는 것은 물론, 연구나 개발을 통해 유전 질환 자체를 해결하는 사회적 동기를 정당화할 수 있다. 이는 다른 장애인이나 정신질환 등에도 비슷하게 적용할 수 있고, 나아가 구금시설 수용인이나 이주 노동자 등의 경우까지 확장할 수 있는 논리이다. 즉, 현실에서 볼 수 있는 적극적 처우 affirmative action는 결과의 평등을 지향하는 건강권의 원칙이 아니면 논리적, 윤리적 기반을 찾기 어렵다. 유전 질환을 해결하거나 정신장애인의 재활을 돕기 위한 국가 투자의 인권적 근거는 평등한 건강 수준을 지향하는 건강권을 기초로 해야 비로소 정당화된다.

건강권을 결과에 대한 권리로 볼 때 만나는 또 다른 이론적 난점은 건강의 결정요인에 대한 권리를 어떻게 볼 것인지 하는 문제이다. '건강의 사회적 결정요인'이라는 개념에서 드러나듯이, 건강 결과에 영향을 미치는 요인은 보건의료 이외에도 소득, 교육, 직업과 노동, 주거, 물리적 환경(공기) 등 다양하다. 건강 결과에 대한 권리가 성립하기 위해서는 이들 결정요인에 대한 권리가 전제되지 않으면 안 된다. 하지만, 이들 권리 모두를 건강권으로 포괄하는 것은 현실적이지 않다.

3. 헌법적 권리로서의 건강권

사회권의 특성 그리고 건강과 보건의료의 특성 때문에 헌법에 건강과 보건의료에 대한 권리를 규정하는 것은 '불완전'하지만, 상당수 국가에서 헌법적 권리 또는 가치로 인정받는 것 또한 사실이다. 헤이먼Jody Heymann 등이 조사한 결과를 보면, 2011년 현재 191개 유엔 회원국 중 14%가 보건에 대한 권리를, 38%가 의료에 대한 권리를, 그리고 36%가 전반적 건강에 대한 권리를 보장한다고 헌법에 명시했다. '무상의료'를 보장하는 국가가 5%였고, 대상자별로는 어린이 13%, 장애인 6%, 노인과 사회경제적 약자 각각 5%의 건강과 의료 보장을 포함했다.

건강권을 헌법 조항에 포함했다고 해서 의무 주체인 국가의 역할이 '보장'되지는 않는다. 말과 법 조항으로는 인정하면서도 실천은 소극적인 것이 다른 사회권과 크게 다르지 않다. 보건과 의료에 대한 권리를 넘어 건강 결과에 대한 권리로 확장하면 건강권에 관한 관심은 더 소극적일 가능성이 크다.

보건이나 의료에 대한 권리를 충족할 국가의 의무는 다른 사회권과 크게 다르지 않은 것처럼 보인다. 물론, 국가가 권리를 보장해야 하는지, 또 그 범위는 어느 정도인지, 보건의료에 대한 접근성의 정확한 의미는 무엇인지에 대해 의견은 통일되어 있지 않다. 보건의료에 대한 권리를 가장 적극적으로 해석하는 것은 국가가 이를 '완전히' 보장해야 한다는 것이고, 반대편 극단은 자유권 차원에서 국가가 보건의료에 접근하는 것을 방해해서는 안 된다는 수준에 머무른다. 양극단 사이에 있는 것이 '적정 수준의 최소한decent minimum'이라고 불리는 것으로, 기본basic이나 필수essential 보건의료와 비슷한 개념이다. 이러한 접근은 일반적인 사회권 논의를 되풀이할 수밖에 없는 것으로, 보건의료에 대한 권리는 이를 충족시킬 구성요건에 비추어 국가의 의무를 규정해야 한다.

건강에 대한 권리는 좀 더 복잡하다. 건강 결과는 물론이고 건강을 결정하는 여러 요인 중에는 국가가 의무를 다하기 어려운 많은 요소가 포함되어 있다. 예를 들어 건강에는 타고난 체질을 비롯해 개인의 습관, 소득이나 가정환경과 같은 사회적 요인, 질병의 치료 여부 등이 모두 영향을 미친다. 이 요인들에 국가가 책임을 지는 것은 불가능하고, 따라서 개인도 이렇게 결정되는 건강을 권리로 주장하기 어렵다. 건강에 영향을 미치는 요인 중에는 그나마 보건의료 혹은 치료, 보살핌, 서비스 등을 보장하는 의무를 규정하기가 상대적으로 쉽다.

이런 이유로 건강 결과에 대한 권리는 보건의료에 대한 권리에 비해서도 자칫 '공허한' 권리로 전락하기 쉽다. 법률로 권리를 규정하는 것을 회의하거나 냉소하는 반응이 많은 것은 이 때문이다. 푸코처럼 '건강권' 같은 것은 없다는 논자들도 있을 정도다. 건강권을 가장 적극적으로 수용하더라도 지향이나 철학을 벗어나기 어렵다는 비판이 강한데, 이는 건강권이 얼마나 '유효한' 권리인가의 과제로 이어진다. 비관론 또는 무용론에 대한 첫 번째 반론은 인권에 대한 어떤 지향도 그것이 단순히 선언적 의미에 그칠 수 없다는 점이다. 센Sen이 주장하는 대로, 건강권을 지향하는 목표와 방향은 다른 인권과 마찬가지로 그 자체로 실천과 정책을 끌고 간다. 건강의 평등을 지향하는 건강권의 원리는 건강의 사회적 결정요인뿐 아니라 생물학적 요인이나 개인의 선택 등에도 적극적으로 개입하는 근거이자 동력으로 작동한다.

헌법에서 건강권은 보건과 의료에 대한 권리를 포함하여 건강에 영향을 미치는 여러 결정요인을 건강 수준 달성에 유리한 방향으로 성취할 권리를 포함할 수 있다. 궁극적으로 헌법적 권리로서의 건강권은 평등한 건강 수준에 대한 권리에 접근할 것이다. 이러한 권리에 대해 국가의 의무는 적극적 의무를 충족하는 구성요건, 예를 들어 인권법학자인 프레드만Fredman이 말하는 유효성, 참여성, 책무성, 평등성에 근거하여 규정할 수 있다. 권리 주체와 의무 주체의 관계는 건강권을 둘러싼 사회적 실천에 따라, 그리고 제도적으로는 사법 심사와 사법부의 역할에 따라 달라질 것이다.

4. 건강권에 대한 국가 책임과 공공보건의료

최근까지 사회권은 국가의 의무를 구체적으로 규정할 수 없다는 관점이 우세했다. 간섭 금지를 요구하는 소극적 권리인 자유권과 달리, 국가의 적극적 노력과 의무 이행을 요구하는 것이 사회권의 기본적 속성이기 때문이다. 소극적 의무와 달리 의무 당사자, 예를 들어 정부에게 적극적 노력을 직접 요구하는 것은 현실 상황에서 구속력을 가지기 어려운 것이 사실이다. 예를 들어 국가에 대해 "모든 국민에게 최소 이러이러한 조건의 주거를 제공할 책임"을 질 것을 규정하기는 쉽지 않다. 더구나 사회권은 대부분 경제적 성격을 띠기 때문에 보장 수준이 한 국가의 경제적 능력에 좌우될 수밖에 없고 상황에 따라 상대적 수준의 보장을 면하기 어렵다. 이런 맥락에서 사회권은 선언적 의미 이상을 가지기 힘든 것으로 이해하는 사람들이 많다.

사회권을 규범으로 받아들여야 한다는 주장도 강하다. 사회권 이념은 인간의 보편적이고 근원적 필요에 대한 존중이라는 점에서 정당화되며, 국가가 일차적인 책임 주체라는 데에 의문을 품기 어렵다. 이에 더해 의무 주체와 그 주체가 져야 할 책임의 수준이 명확하지 않기 때문에 사회권이 성립하기 어렵다는 주장은 점차 설득력을 잃어가고 있다. 권리와 의무를 결부시키는 것은 타당하지 않기 때문이다.

권리와 의무는 구분하여야 하는 것으로, 예를 들어 부모가 자녀를 제대로 양육해야 하는 의무는 자녀가 그런 양육을 받을 권리를 가지고 있는가에 좌우되는 것이 아니다. 프레드만Fredman이 주장했듯이, 권리를 충족하기 위한 의무가 아무리 어렵고 복잡하다 하더라도 그것이 의무를 소홀하게 할 수 있는 근거가 되는 것은 아니다. 즉, 권리는 하나의 목표로, 그것이 충족되는지와 무관하게 의무는 존재한다. 따라서 건강권을 비롯한 사회권은 국가가 그것을 충족시키기 위한 의무가 어렵고 복잡하다는 이유로 성립할 수 없는 권리가 아니라, 권리의 충족 여부와 관계없이 국가가 의무를 다해야 하는 것, 즉 실재하는 권리이다.

한국 사회의 모든 구성원이 차별 없이 건강이나 의료에 대한 권리를 누리기 위해 건강, 보건, 의료의 무엇이 달라져야 하는지는 여기서 자세하게 설명하지 않는다. 비용 부담이든 불평등이든 또는 시설과 인력이 없는 인구 감소 지역의 노인 보건이든 국가가 책임질 건강권 보장은 이론을 떠나 경험적이고 현실적이다.

공공보건의료를 강화하는 것이 권리 충족을 위한 유력한 방법이라 하더라도, 문제는 '어떤' 공공의료인가 그리고 '어떻게' 갈 것인가이다. 막상 딱 부러진 답을 찾는 것은 생각보다 어렵다. 보건의료 역시 서로 맞물려 돌아가는 거대한 사회경제 구조에 속해 있고, 실핏줄처럼 구석구석에 뿌리내린 이해관계를 단숨에 넘기가 쉽지 않다. 수십 년이 넘도록 공공보건의료를 말해왔는데도 건강권과 연결할 만한 뚜렷한 성과가 없는 데는 이런 사정도 크게 작용했다.

'건강권 충족을 위한 공공보건의료 강화'라는 지향은 당위라 할 수 있으나 대안도 추상에 머무를 수는 없다. 당장 할 수 있고 해야 하는 것들과 장기적으로 추구할 것을 나누는 것이 좋겠다. 물론 단기적, 현실적 과제라 해도 장기적 지향과 느슨하게 멀어지면 안 된다. 단기적이고 현실적이라는 말은 큰 틀은 그대로 두거나 둘 수밖에 없다는 뜻이다. 이 경우 보건의료가 상품으로서의 특성이 약해지도록 고리를 끊거나 느슨하게 하는 것이 과제가 된다. 우선 환자에게는 보건의료가 하나하나 값을 쳐서 거래하는, 즉 구매하는 상품이 아닌 것이 되어야 한다. 현재는 이윤과 영리를 벗어나지 못하는 민간 공급자, 즉 병원이나 의사 역시 그러한 경제적 동기의 강도를 줄일 필요가 있다.

더 구체적으로 보자. 환자가 직접 '구입'해야 하는 의료는 최소한으로 줄이는 것이 좋겠다. 건강보험의 보장성을 지금보다 더 확대하는 것이 중요한 한 가지 방법이다. 내가 돈을 내고 사는 것은 사회제도인 건강보장의 범위 밖에 있는 몇몇 가지로 한정해야 한다. 주치의제도 역시 설계를 제대로 하면 도움이 될 것이다. 서비스를 사고파는 관계가 아니라 건강관리의 협력관계로 바꿀 수 있다. 이런 것들은 말하자면 '탈상품화' 정책이다.

민간 공급자가 경제적 동기로부터 좀 더 느슨하게 되는 데에는 진료비 보상제도를 바꾸는 것이 핵심을 차지한다. 행위별 보상제의 비중을 줄이고 '포괄보상'을 늘린다는 정책적 기획은 사실상 실패로 돌아갔지만, 진료비 보상제도가 가지는 의미는 가격의 높낮이에 그치지 않는다.

그보다는 의료를 보는 눈과 환자-공급자 관계가 바뀐다는 것이 더 중요하다.

현재의 행위별 보상제도는 환자든 공급자든 의료 서비스의 가짓수와 그 가격에 아주 민감하게 만든다. 서로 사고파는 관계를 벗어나기 힘들다. 환자든 의사든 가짓수와 가격에 신경을 덜 쓰는 제도가 대안이 되어야 한다. 탈상품화와 짝을 맞추면, '탈이윤화' 정책이라고 할 것이다.

탈상품화와 탈이윤화 정책으로 한국 보건의료의 구조화된 특성과 경향, 즉 일종의 반反공공성을 얼마나 바꿀 수 있을까. 구조적 문제의 바로 그 '구조'를 해결하지 않는 한, 근본적인 대안이 될 수 없다. 공공성을 결정하는 근본적 구조는 소유와 거버넌스이다. 누가 권력을 가지고 누가 지배하는가, 이에 따라 공공의 가능성이 달라진다. 공공적 지배가 아니면 공공성이 보장될 수 없을 것이다.

다만 공공의 권력과 지배를 국가나 정부가 직접 의료기관을 소유하고 운영하는 것으로 좁힐 필요는 없다. 현재 상황을 보더라도, 국립대병원을 비롯해 이른바 공공병원의 행태가 민간병원과 다르다고 보기 어렵다. 공공성은 단순히 누가 소유하는가 하는 문제를 넘는다는 것을 뜻한다.

공공의 권력과 지배가 강화되려면 서로 수렴되는 '이중' 전략이 필요하다. 하나는 공공기관을 '재再공공화' 하는 것(공공기관의 비중을 늘려야 한다는 것은 새삼 다시 말하지 않는다) 그리고 다른 하나는 민간기관의 공공성을 강화하는 것이다. 공공병원을 다시 공공公共답게 하자는 것은 민주주의의 심화라는 익숙한 그렇지만 보건의료에서는 낯선 과제와 연관된다. 지금까지도 공공병원 개혁을 말해 왔지만, 효율성, 경쟁, 성과 보상, 위탁

등등의 시장적 방식은 상품화를 강화할 뿐이다. 대신, 더 많은 참여와 민주적 운영을 통한 공적 지배의 강화가 필요하다. 시민과 주민이 공공병원의 기획과 운영, 평가에 실질적으로 참여해야 한다.

민간병원의 공공성 강화 역시 민주주의적 과제라 할 수 있다. 새로운 거버넌스를 만들어 낼 수 있는가가 관건이기 때문이다. 이를 위해서는 첫째, 명목뿐인 비영리기관의 의무와 권리를 명확히 해야 한다. 면세를 포함하여 아주 적극적으로 혜택을 주는 대신, 미리 규정해 놓은 공공의 의무를 이행하게 하는 것이 한 가지 방법이다. 사회적인 압력과 감시가 새로운 거버넌스를 가능하게 하는 핵심 원리가 되어야 한다. 둘째, 자본을 축적해야 한다는 동기를 줄여야 한다. 독일과 같이 공적 자금으로 건물과 장비와 같은 자본에 투자하는 것을 생각해 볼 수 있다. 셋째, 자본과 전문가가 독점하는 보건의료의 '생산체제'를 넘어, 다양한 대안을 실험하고 성취해야 한다. 현재 우리가 볼 수 있는 새로운 소유와 관리방식의 기관은 협동조합 정도이다. 더 많은 대안, 민주적이고 사회적인 소유와 관리방식, 그리고 혁신적인 거버넌스를 상상하고 시도하는 것이 필요하다. 견고한 시장구조에 틈을 낼 수 있어야 또 다른 대안의 공간이 생긴다.

국가의 책임이라고 했지만, 국가권력조차 서로 다른 권력의 '관계'로 구성되고 경쟁한다. 건강권의 충족과 공공보건의료 강화, 이를 위한 국가 책임 역시 마찬가지다. 윤리나 규범, 지식을 넘어 권력관계라는 점을 거듭 강조한다.

『리얼 유토피아』에서 에릭 올린 라이트Erik Olin Wright가 쓴 말을 빌리자. 공공성 강화는 국가권력과 경제권력, 두 가지 권력 모두에 사회권력(시민사회)을 어떻게 강화할 것인가의 문제이다. 다시 말하면, 사회권력을 통해 민주주의를 심화시킬 수 있는 정도에 따라 공공성의 수준이 결정된다. '민주적 공공성'이야말로 한국 의료의 상업화를 역전시킬 수 있는 핵심 전략이라 해도 좋다. 이 모든 공공보건의료 강화 전략이 목표로 하는 것이 바로 모든 이의 인권과 건강권이다.

참고문헌

김창엽. 2013. 『건강할 권리』. 후마니타스.

김창엽. 2013. 「건강과 인권-한국적 상황과 전망」. 《보건학논집》, 50권 2호, 85~99쪽.

김창엽. 2019. 『건강의 공공성과 공공보건의료』. 한울.

라이트, 에릭 올린. 2012. 『리얼 유토피아』. 들녘.

시민건강증진연구소. 2016. "시민이 이끄는 개헌 논의를." 2016년 7월 18일. http://health.re.kr/?p=3050.

신영전. 2017. '사회권을 어떻게 실효화 할 것인가?' 「개헌과 사회권 토론회」 토론문, 참여연대·더불어민주당 정춘숙 의원·한국사회보장법학회, 2017년 5월 24일.

이찬진. 2017. '개헌과 사회권', 「개헌과 사회권 토론회」 발제문, 참여연대·더불어민주당 정춘숙 의원·한국사회보장법학회, 2017년 5월 24일.

프레드먼, 샌드러. 조효제 옮김. 2009. 『인권의 대전환』. 교양인.

Heymann, Jody, Adèle Cassola, Amy Raub, and Lipi Mishra. 2013. "Constitutional rights to health, public health and medical care. The status of health protections in 191 countries." Global Public Health, Vol. 8, No. 6, pp. 639-653.

Sen, Amartya. 2004. "Elements of a Theory of Human Rights." Philosophy & Public Affairs, Vol. 32, No. 4, pp. 315-356.

김창엽

서울대학교 의과대학, 서울대학교 보건학 석사와 박사

서울대학교 보건대학원 교수, 사단법인 시민건강증진연구소 이사장

한국국제보건의료재단 이사장

저서로 『건강의 공공성과 공공보건의료』, 『건강할 권리』, 『한국의 건강 불평등』
외 다수

"

아이들은 아침에 일어나 아픈데도 누구의 관심도 못 받았던
예전의 '그때'가 아니라 아침밥을 먹으러 가면, '어디 아프니?'라고 물어봐 주고,
챙겨주고, 걱정해주는 그 공간인 '아침밥 먹는 지금'에서 따뜻함을 느끼고 안정을 찾아갔다.
....

우리는 모두 어린이였고, 그 시간을 거쳐 현재의 삶을 살아가고 있다.
그 과정에서 가족과 지역사회, 나아가 국가 체계의 긍정적, 부정적 영향을
받을 수밖에 없었음을 알고 있다. 어린이 건강의 중요성을 입증하는 과학적 연구 결과가 부족하지도
않을뿐더러 어린이들은 건강하게 살아갈 권리를 보장받아야 하고 사회가
그 책임을 다할 것을 세계적으로 약속한 지도 30여 년이 지났다.

"

지역사회에서 함께 자라는 어린이, 돌보는 어른*

전경자 순천향대학교 간호학과 명예교수

1. 시작하며

건강은 인간이 살아가는 데 매우 중요한 가치다. 하지만 건강한 것은 그 자체로 바람직하며, 삶에서 가치 있다고 생각하는 많은 일을 하도록 해주는 중요한 '잠재력'이다. 더구나 어린이 건강의 중요성은 말할 나위가 없다. 건강은 어린이 행복의 중요한 요소일 뿐 아니라 이 시기의 건강은 앞으로 평생의 토대가 된다.

---

* 이 글은 2021년 7월 13일 다문화평화교육연구소에서 개최한 '시민과 함께하는 인권 서로 배우기' 강의내용을 기록하기 위하여 시민건강연구소의 어린이건강 권사업 보고: 2013~2016(PHI연구보고서 2018-06)와 보건복지부의 2021년도 생애초기건강관리시범사업 지침서의 일부 내용을 요약 발췌하여 작성한 것임을 밝힙니다.

이를테면, 태아기에 영양 공급이 적절치 못하면 수십 년이 지나 중년기에 당뇨병이나 심장병에 걸릴 위험이 커진다. 성인기 흡연율은 본인의 직업 지위 말고도 아버지의 학력 수준과 밀접한 연관성이 있다는 연구 결과가 있다.[2] 한국에서도 성인기의 사망률이 당시의 사회경제적 위치뿐 아니라 아동기의 사회경제적 환경에 영향을 받는다는 연구 결과가 발표되었다.[3] 또한 성인기의 키는 어린 시절의 사회경제적 환경을 반영하는 중요한 지표다. 키가 나중에 호흡기질환이나 뇌졸중 같은 특정 질환에 의한 사망 위험과 관련이 있다는 보고도 있다.[4] 이러한 연구 결과가 의미하는 것은 모두가 건강한 사회를 만들려면 성인을 대상으로 한 정책으로는 불충분하며, 아동기에 건강하게 성장하도록 사회경제적 환경에 대한 고려가 필요하다는 것이다.

유엔 아동권리협약에 의하면 모든 아동은 생존권, 보호권, 발달권, 참여권의 권리를 보장받으며, 이는 어른의 책임을 전제로 한 것이다. 어른이란 일차적으로 가족, 부모이지만, 이웃과 지역사회의 구성원이 함께 만드는 사회를 말한다. 오늘날같이 맞벌이 부모가 늘어나고, 24시간 생활양식이 보편화된 사회에서는 장시간 근로나 야간근로 종사자가 많아진다. 이것은 부모나 개인의 선택과 노력을 넘어선 사회체제의 영향임을 부인할 수 없다. 이러한 사회체제 안에서 부모의 능력에 따라 아이

2) 리사 버크만, 이치로 가와치 지음. 김명희 등 옮김, 『사회역학』, 한울아카데미, 2003.
3) 강영호, '사회경제적 건강불평등에 대한 생애적 접근법,' 「예방의학회지」 제38권 제3호(2005).
4) Song YM, Sung JH. 'Adult height and the risk of mortality in South Korea Women.' Am. J. *Epidemiol* 2008, 168(5), 497-505.

들이 보살핌을 받다 보니 건강하지 않은 상태에 놓인 아이들이 늘어나고 있다. 부모가 아무리 아이들을 돌보고 싶어도 마음만으로 이를 실현할 수 없는 사회구조적 장벽이 너무 높다. 서구 유럽 복지국가의 아이들이 얼마나 행복한 삶을 누리고 있는지를 비교해보면, 모든 아이의 건강한 삶을 위해 사회적 차원에서 공동의 관심과 책임을 져야 한다는 것을 재확인하게 된다.

이 글에서는 어린이가 건강하게 자랄 수 있는 지역사회를 만들기 위한 이론적 틀을 간략히 살펴보고, 한 지역의 민간단체 차원에서 시도한 실천 사례와 국가 차원의 시범사업을 소개하고자 한다. 소개하는 두 사례가 앞으로 전국 여러 지역에서 다양한 사례를 만들고 경험을 공유하고 확장해나가는 데 기초가 될 것으로 기대한다.

2. 어린이가 건강하게 자랄 수 있는 지역사회를 위한 이론적 틀[5]

세계보건기구 산하 '국제 건강의 사회적 결정요인위원회'에서는 어린이 건강 불평등을 완화하려면 아동의 발달이 중요하다고 주목한다. 그러면서 건강한 아동 발달을 위해 '조기아동발달통합환경사정모델Total

---

5) 권세원, '건강불평등 완화를 위한 어린이 대상 사회서비스 분석,' 2013 「영펠로우 연구보고서」에서 발췌함.

Environment Assessment Model of Early Child Development. TEAM-ECD'을 제시하고 있다.6)

이 모델의 첫 번째 가정은 아동의 신체, 사회와 정서, 그리고 언어와 인지의 발달이 아동의 생물학적인 요인과 환경적 요인의 상호작용 결과 라는 것이다. 두 번째 가정은 조기 아동의 성공적인 발달은 양육이 잘 될 수 있는 신체적, 사회적, 경제적 환경이 구성될 때 이뤄진다는 것이다. 마지막으로 모든 아동에게 양육이 잘 될 수 있는 환경을 만들어 주기 위해 형평의 관점에서 접근해야 한다는 것이다. 이것이 아동의 발달과 전 생애 삶의 질의 평등함을 끌어낸다는 것이다.

조기아동발달통합환경사정모델의 각 요소를 구체적으로 살펴보면 개 인 체계 중 아동 발달에 영향을 미치는 요인은 개인의 생물학적 특성과 뇌의 발달 수준, 영양의 결핍이나 적절성, 상호작용하는 관계의 질, 다양한 경험을 할 수 있는 놀이의 경험 등이다. 가족 체계에서는 주거환 경, 부모의 학력, 직업, 소득수준과 같은 사회경제적 지위, 가족의 신체 적·정신적 건강 수준, 아동과 주 양육자와의 애착, 가족 내 관계의 질이 나 지지 수준, 양성평등 수준 등이 영향을 미친다. 지역사회는 아동이 거주하는 지역의 경제 수준, 이웃의 경제 수준, 고용률이나 실업률, 고학력자 비율, 수급권자 비율 등을 포함해서 경제 환경과 여가활동이나 신체활동을 할 수 있는 공간, 보육이나 의료, 시장의 접근성, 그리고 교통의 편리성을 포함하는 서비스 환경, 마지막으로 지역사회의 안전

---

6) L.G. Irwin, A. Siddiqi, C. Hertzman, *Early Child Development. A power ful equalizer.* Final report for the World Health Organization's Commi ssion on the Social Determinants of Health, Geneva.

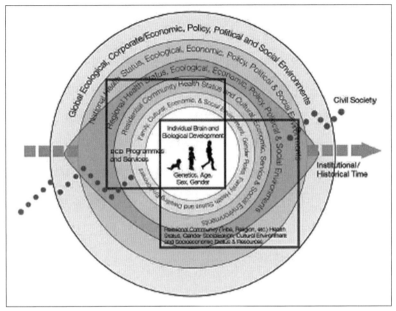

그림 1. 조기아동발달통합환경사정모델Total Environment Assessment Model of Early Child Development(TEAM-ECD). Siddiqi et al, 2007, p.15.

정도와 사회적 자본이 구성되는 정도를 나타내는 사회적 환경이 영향을 미친다. 관계망은 아동과 관계하고 있는 공식적 지지 자원, 그리고 정서적 지지 자원 등이 아동 발달에 영향을 미친다. 프로그램은 아동을 위해 얼마나 질 높은 내용으로 구성되어 있는가, 평가와 사정 도구가 적절히 갖춰져 있는가, 비용 효과적인가가 중요하게 다뤄진다. 광역 지역단위의 경우 광역 지방자치단체의 경제적 특성, 생태적 특성과 소득 불평등 수준, 사회적 자본 수준 등을 보는 사회정치적 특성뿐만 아니라 지역 내 다양하게 얽혀진 복잡한 문제들이 어린이 발달에 영향을 미친다.

전 세계 환경은 경제, 사회, 정치 상황에서 어디에 힘이 실리고, 권력이 어떻게 움직이느냐와 함께 전 세계가 아동 인권, 아동의 공평한 발달의 중요성을 얼마나 인식하고, 합의를 끌어내 선언하는가가 전 세계 아동의 발달에 영향을 미친다. 마지막으로 시민사회는 지역사회부터 전 세계 환경까지 모든 체계에 영향을 미치는 조직으로 시민의 힘을 모아 아동 건강과 관련하여 아젠다를 형성하고 변화를 유도하는 중추적인 역할을 함으로써 아동 발달에 영향을 미친다. 9가지의 체계들이 체계 내에서 그리고 체계 간에 상호교류를 하면서 아동의 발달에 영향을 미치고 있으며, 이는 전 생애에 걸쳐 지속해서 영향을 미치고 있으므로 통합적으로 접근해야 함을 시사한다.

3. 어린이 건강권 사업 사례

1) 아동건강네트워크의 조직을 통한 아침밥 지원 활동[7)]

(1) 아동건강네트워크 조직

어린이건강권사업을 시작한 첫해인 2012년에는 어린이건강권사업

---

7) 시민건강연구소(2018). 어린이건강권사업 보고서. 2013~2016. PHI연구보고서 2018-06.에서 요약 발췌하였음.

의 기틀을 마련하기 위한 준비회의와 강좌(세미나)를 했다. 지역네트워크 (아동건강네트워크)를 만들기 위한 사전작업으로, 여러 차례 다양한 방식으로 어린이 건강과 직·간접적으로 관련 있는 지역의 시민을 만나고 당사자인 지역 어린이를 만나 서로 이야기를 나누고 생각을 공유하는 시간을 가졌다. 이를 기반으로, 2013년에 (사)미래를여는아이들을 중심으로 지역의 복지기관(지역아동센터 등)과 시민사회단체 활동가, 대학 교수, 연구자, 학교 교육복지사 등이 자발적으로 연대해 만든 연대체인 '아동건강 네트워크'를 발족했다.

아동건강네트워크는 초기 제안 당시, 가칭 '아동건강모임 네트워크'로, (사)미래를여는아이들이 간사단체 역할을 맡고, (사)시민건강연구소, 순천향대학교 간호학과, (재)풀뿌리희망재단은 협력 기관으로 출발했다. 아동건강네트워크 구축을 위해 참여를 독려하고 제안한 단체(기관)는 총 43개였다. 이 중 초기 참여단체는 23개였으나, 2014년 말 참여단체는 17개로 줄었고, 이후에도 탈퇴하는 단체가 지속해서 발생했다. 그러나 신규로 가입하는 단체도 있어 2016년 말 현재 활동 참여단체는 17개로 유지하고 있다. 탈퇴 단체는 네트워크 활동 방향이 자신의 단체가 가고자 하는 방향과 다르다고 판단했거나, 단체 내 아동건강네트워크 활동 참여 담당자의 퇴사 등의 이유로 탈퇴했다.

(2) 지역협력에 기반한 아침밥 지원활동

가. 아침밥 지원사업의 이유-'밥을 굶는 아이들'

어린이건강권사업을 함께 한 지역인 충남 천안시는 '아침밥 지원사업'을 시작할 시점인 2013년 현재, 모든 초등학교에서 친환경 무상급식을 시행하고 있으므로 학교에서 점심 식사를 지원했다. 그리고 학기 중 저녁 식사나 방학 중 점심 식사는 급식 지원 대상자로 등록한 초등학생 1,283명(미취학 아동 포함)에게 지역아동센터 또는 도시락 배달 등을 통해 지원했다. 이와 같은 지원제도가 있으므로 최소한 '밥 굶는 아이들'은 없을 것으로 생각해왔다. 하지만 실상은 여전히 끼니를 굶거나 대충 때우는 아이들이 존재하고 있었다.

2013년 아동건강네트워크에서 실시한 천안시 L초등학교 전교생 대상 아동건강행태조사에 따르면 아침 식사를 일주일 중 4일 이상 결식하는 아동은 9.7%로 10명 중 1명이었다. 아침 식사를 거르게 된 이유 1순위는 아침 식사를 챙겨줄 사람이 없었기 때문이었다. 또한 저소득 가정 아동이 일반가정 아동보다 아침 결식률이 5배나 되었고, 심지어 전교생 428명 중 점심 한 끼로만 하루 식사를 해결하는 아동도 33명이나 되었다. 이와 같은 현실 때문에 아동건강네트워크에서 할 첫 번째 사업으로 '아침밥 지원'을 선정했다.

어린이의 규칙적인 아침 식사는 영양, 교육, 신체 발달, 정서 등 다양한 측면에서 권장되어야 한다는 연구가 꽤 있다. 또한 성인과 달리 어린이가 아침을 먹는다는 것이 얼마나 중요한가에 대한 초청 강연을 아동건강네트워크 참여자들이 모여 함께 듣기도 했다. 하지만 '아침밥 지원사업'을 아동건강네트워크가 진행한 가장 큰 이유는, 그 무엇보다도 자신이 어떻게 할 수 없는 상황으로 아침밥을 굶으면서 가장 기본적인 권리조차 박탈당하는 어린이의 현실을 외면할 수 없었던 것이라 할 수 있었다.

나. 아침밥 지원사업 진행과정

아동건강네트워크의 아침밥 지원활동 초기 계획은 아동건강행태조사를 실시했던 L초등학교에서 아침밥 지원을 시작하는 것이었다. 낙인감 등을 고려하여 선별적으로 하지 않고, 모든 학생을 대상으로 신청을 받되 가정 경제 사정이 어려운 아동은 아동건강네트워크가 비용을 부담하고 가정 경제 사정이 어렵지 않은 아동은 양육자가 부담하게 하는 방식으로 추진하고자 했다. 그러나 학교 교사들의 반대를 포함한 여러 가지 난관에 봉착했고, 결국 한 해 동안의 논의 끝에 2014년 4월부터 아동건강네트워크에 참여하는 2개 지역아동센터를 중심으로 '아침밥 지원'을 시작하게 되었다.

아침밥 지원 단가는 신청 아동 1인 2천 원, 급식 교사 인건비는 1시간 만 원으로 2시간을 책정해 지원했다. 식단은 단국대학교 식품영양학과 교수, (전)초등학교 영양교사, 아이쿱천안소비자생활협동조합, 지역아동센터 급식 교사의 의견을 수렴하여 구성했다. 아침 시간에 부담 없이 간편하게 먹을 수 있도록 급식 교사가 직접 만든 주먹밥, 샌드위치, 과일로 구성된 간편식을 제공했다. 물가 인상을 고려하고 양질의 식단 구성을 지속하기 위해 단가 인상과 메뉴 구성의 다양화가 필요했다.

이에 2016년 3월 (재)풀뿌리희망재단과 추가 식비 지원 관련한 논의를 진행했고, 천안의료원 임상영양사에게 자문해 메뉴 구성도 재정비했다.

'아침밥 지원사업' 초창기에는 밥, 국, 반찬 2개 이상의 형태로 지원했다. 그러나 일어나자 먹는 첫 끼로는 부담스럽다는 아이들의 의견을 반영하고, 자문받은 식단을 응용하여, 영양학적으로 아동에게 필요한 영양소가 담길 수 있게 구성했다. 또한 되도록 과일과 채소를 제공할 수 있는 형태로 식단을 구성했다. 무엇보다 급식교사가 아이들의 의견을 수시로 묻고, 적극적으로 반영하려고 노력했다.

아침밥 지원 비용은 (재)풀뿌리희망재단을 중심으로 아동건강네트워크 참여단체들이 힘을 합쳐 모금 활동을 전개해 충당했다. '아침든든112 모금' 캠페인은 천안 롯데마트 쌍용점, 신부동 아라리오 조각 광장 앞에서 플래시몹, 아동건강 행태 알리기, 모금 홍보, 전단지 배포, 풀뿌리희망재단을 통한 정기 모금 홍보 등의 내용으로 총 2회 진행했다. 여러 차례 진행하고자 했으나 추운 날씨 탓에 길거리 모금 활동을 계속 진행하는 데 어려움이 따랐다. 그래서 SNS 홍보, 이메일 발송, 홈페이지 게시 등의 인터넷 매체를 활용한 다른 방식의 홍보로 방식을 변경했다. (재)풀뿌리희망재단에서는 천안시 소재의 기업체나 식당 등을 방문해 면대면 홍보를 하기도 했다.

다. 아침밥 지원사업 모니터링

아침밥 지원사업 모니터링(사전·사후 조사 포함)은 아침밥 지원사업의 결과를 일반화할 목적으로 시행한 것은 아니다. 모든 아동을 대상으로 일반화할 수 없다 할지라도 '지금, 여기' 아침밥 지원사업에 참여한 아동 청소년 각 개인에게 어떠한 긍정적 변화가 있었는지 좀 더 면밀하게 파악하기 위함이었다. 즉, 우리가 아침밥 지원사업 취지에 맞게 사업을 운영하고 있는지 확인하기 위함이었다. 또한, 현재 사업 진행의 어려움과 문제점을 확인한 후, 개선해 나가기 위한 목적으로 시행했다. 정기적이고 지속적인 모니터링 역시 진행했으나, 조금 더 세심한 모니터링을 위해 아침밥 지원사업에 대해 사전·사후 조사를 진행했다.

아침밥 지원을 받아 사전·사후 조사가 가능한 아동은 25명밖에 되지 않아 통계적 수치로 일반화할 수 없기도 했다. 하지만 사전·사후 조사의 초기 목적 역시 '아침밥의 긍정적 효과를 널리 알리기' 위한 논거 마련이 아니라 우리(아동건강네트워크)가 이 사업을 '적절한 돌봄이 제공되어야 할 시기에 돌봄의 부재로 밥을 굶는 어린이에게 아침밥을 지원한다'라는 취지에 맞게 잘 운영하고 있는지를 당사자(아침밥 지원을 받는 아동) 관점에서 평가하고 반영하여 좋은 방향으로 지속해서 잘 진행하기 위함이었다. 또한 아침밥 지원 아동 한 명 한 명의 삶에 관심을 가지고 바라보기 위함이었고, 이를 바탕으로 지역사회가 함께 만들어가는 어린이 건강권 사업의 좋은 모델을 만들기 위함이었다.

2014년 4월부터 12월까지 한 번이라도 아침밥 지원을 받은 아동은 총 58명이었다. 이들 중 28명은 초등학생이고, 30명은 중·고생인데, 천안여중 교육복지대상 아동 중 해당 지역아동센터에 등록하지 않고 지원받은 아동이 포함되어 있었다.

초기에 참여한 단체는 햇살가득파랑새지역아동센터, 천안지역아동센터, 해누림(청소년)지역아동센터였는데, 2014년 6월부터는 천안여중 교육복지대상 아동들도 참여하게 되었다. 제공처는 햇살가득파랑새지역아동센터와 천안지역아동센터 두 군데였고, 해누림지역아동센터는 햇살가득파랑새지역아동센터에서, 천안여중 교육복지대상 아동들은 천안지역아동센터에서 아침밥 지원을 받았다. 4월에 신청해서 12월까지 지속해서 먹는 아동도 있지만, 중간에 아침밥 지원을 그만 받겠다는 의사를 전달하거나 센터 자체를 퇴소하게 되어 아침밥 지원받는 것을 중단하는 예도 있었다.

라. 아침밥 지원사업의 경험과 사전·사후 비교

2014년 아침밥 지원 사전 조사는 2014년 3월 27일부터 31일 사이, 사후 조사는 2015년 1월 8일부터 12일 사이에 진행했다. 사전 조사에는 29명 아이가 참여했고, 사후 조사에는 23명 아이가 참여했다. 사전 조사와 사후 조사에 동일하게 참여한 아동은 17명이었다.

아이들은 아침밥 지원 신청 이유로 부모님의 권유와 지역아동센터 선생님의 권유를 가장 많이 꼽았다. 본인이 자발적으로 신청하고 싶었다고 답한 아동의 신청 이유는 '배가 고파서'가 가장 많았다. 그 뒤를 이어 '친구랑 함께 먹고 싶어서', '무료라서', '챙겨주는 사람이 없어서'를 꼽았고, 개별 기타 의견으로는 '아침 식사가 중요하다고 생각해서', '아침을 먹고 싶어서', ' 엄마가 아침 챙겨주기 힘드실 거 같아서', '아빠가 무료라서 좋아함', '맛있어서' 등이 있었다. 부모님이나 교사의 권유로 아침밥 지원을 신청한 아이들은 비자발적임에도 불구하고 대체로 딱히 신청하고 싶지 않은 이유가 있는 것은 아니었다. 단지 몇 명의 아이들만 신청하고 싶지 않았던 분명한 이유를 이야기했는데 '아침 시간이 빨라서', '귀찮아서', '집밥이 맛있고 지역아동센터 밥이 입맛에 맞지 않아서' 등의 이유를 댔다.

사전 조사에서 아침 지원에 대해 기대하는 바를 묻자, '다 좋다', '지금 이대로(좋다)', '없다', '배고픔을 채울 수 있으면 된다', '아무거나', '선생님이 해주는 거 전부다', '(음식이)나오기만 하면 된다'라고 대답했는데, 사후 조사에서는 대부분 '없다'라고 대답했다. 원하는 메뉴가 무엇이냐고 묻자 대체로 아이들은 주먹밥, 김밥, 고기를 원하는 메뉴로 이야기했지만, 사전·사후 조사 통틀어 다들 제각각 메뉴를 이야기했다. 원하는 메뉴가 없다고 대답한 아이들도 많았다. 아침밥 지원 만족도는 성별에 따라 큰 차이를 보였는데, 여학생의 만족도가 월등히 높았다. 사후 조사에 참여한 아동 23명 중 여학생은 대체로 만족했으나, 남학생의 경우 무응답자를 포함해 대부분 좋을 것도 나쁜 것도 없거나(보통), 만족하지 못한다고 응답했다.

아침밥 지원 9개월 동안 월 1회 정도의 참여관찰을 실시했다. 관찰 당시에도 여학생은 모여서 먹고 놀며 등교도 같이했지만, 남학생은 각자 식사할 뿐 아니라 표정도 어둡고, 말도 잘 하지 않는 모습을 보였다. 또한 규칙적으로 아침 식사를 하고 나서 자신에게 무엇인가 좋아졌다고 생각하느냐는 물음에도 성별 차이가 명확했는데, 이 역시 여학생이 훨씬 긍정적인 평가를 했다. 여학생 중에는 아침 식사를 하고 나서 자신에게 좋아진 것이 '없다'라고 생각하는 이가 한 명도 없었고 대체로 무엇인가

'좋아졌다'라고 생각했다. 하지만 남학생은 '좋아진 것이 없다'라거나 '그냥 그렇다'라고 대답한 학생이 과반수 이상이었다.

무엇인가 좋아질 것이라고(사전 조사) 또는 좋아졌다고(사후 조사) 생각하느냐는 물음에, 사전 조사에서는 집중력, 기분, 체중조절, 건강 등이 좋아질 것이라는 응답을 하였지만, 사후 조사에서는 대부분 기분과 건강이 좋아졌다고 대답했다. 아침 식사 후 좋아진 것이 없다고 생각한다면 왜 그렇게 생각하는지 묻자, '아무 일도 안 일어나서', '변한 게 없어서', '맛이 없어서', '공부방(센터)에서 먹기 전에도 집에서 아침을 먹었다', '집에서 먹는 게 더 좋다'와 같은 이야기를 했다.

함께 먹고 싶은 사람이 있느냐는 질문에 사전 조사에서는 공부방(센터) 친구와 함께 먹고 싶다고 대답했던 아동이 12명, 가족과 함께 먹고 싶다고 대답한 아동이 11명이었던 것에 반해 사후 조사에서는 그 수가 줄었다. 사후 조사에서는 함께 먹고 싶은 사람이 '없다'라고 대답한 아동은 7명, 공부방(센터) 친구들과 같이 먹고 싶다는 아동이 7명, 공부방(센터)에서 같이 먹는 것 자체가 불편하다며 혼자 먹고 싶다는 아동이 1명, 아빠나 동생 등 가족과 함께 먹고 싶다고 이야기한 아동이 3명이었다. 나머지는 잘 모르겠다며 응답하지 않았다. 사전 조사에서 함께 먹고 싶은 사람에 '없다'라거나 '상관 없다'라고 대답했던 아동은 사후 조사에서도 같게 여전히 '없다'라고 대답했는데, 사전·사후 조사에서 다른 응답을 한 경우를 보면, 사전 조사에서 '가족'을 이야기한 아동 중 사후 조사에서는 '없다'라고 대답한 경우와 사전 조사에서 '공부방(센터) 친구'를 이야기했으나 사후 조사에서는 '없다'라고 대답한 경우가 있었다.

학교생활 측면에서 아침밥 지원 시작 후의 변화를 물어보자 대체로 지각이 줄었다는 것 이외에는 별로 달라진 점이 없다고 응답했다. 즉, 아동 스스로 학교생활에서의 변화를 크게 느끼고 있지는 않아 보였다. 한편 학교생활 측면에서 사전 조사 때 보다 사후 조사 때 오히려 부정적인 답변을 하는 학생이 있는 것은 사후 조사 때 나이가 한 살 더 늘어나면서 사춘기 영향으로 말수도 줄어들고 자신감도 떨어진 것으로 추정된다. 단편적인 대답을 통해 아이들에게 지역아동센터에서의 아침 식사 시간이 어떤 의미였는지 확실히 알 수 있는 것은 많지 않았다. 그러나 여학생의 만족도는 대체로 높으며, 표정 역시 매우 밝아졌다는 사실은 분명하게 알 수 있었다. 한편 아침밥 지원을 받는 아이들 중 많은 아이가 왜 아침밥 지원에 만족하지 않고 불만스러움을 표현하면서도 빠지지 않고 계속 아침밥을 먹으러 오고, 사전 조사 때 공부방(센터) 친구들과 함께 먹고 싶다고 했던 아이들이 사후 조사 때는 함께 먹고 싶은 사람이 없다고 대답했으며, 학교생활은 아침밥 먹기 전보다 오히려 나빠졌다고 대답했는지, 왜 이런 반응을 보이는지는 조금 더 섬세하고 깊이 있는 관찰과 설명이 필요해 보인다.

아침밥 지원사업에 직접적으로 참여한 단체(기관)의 실무자와 급식 교사는 아침밥 지원에 대해 매우 긍정적으로 평가했다. 햇살가득파랑새 급식 교사는 '아침밥을 먹는 아이들은 오후에도 센터를 빠지지 않는다', '아침밥을 먹은 후부터 인사를 잘한다', '아침밥을 먹은 후부터 아이들과의 관계가 친밀해졌다' 같은 이야기를 했다. 새벽 4~5시에 나와 아침 식사를 준비하면서도 아침밥을 먹인 후부터 아이들이 친밀하게 다가오는 태도 변화에 감동하였다고 했다. 그러한 아이들의 변화가 원동력이 되어 급식 교사는 아이들에게 헌신적으로 식사 후 양치 등의 생활지도와 영양가 있고 맛있는 식단 준비에 신경을 쓰고 있었다. 단체 실무자들은 아이들이 밝아지고, 말을 안 했던 아이들이 한마디씩 말을 하기 시작했으며, 과식하던 아이들의 식사량이 조절되었고, 짜증을 덜 낸다고 평가했다. 또한 저학년 같은 경우는 키가 크고 볼살이 오른 모습을 볼 수 있었다고 이야기했다.

아침밥 지원 사전·사후 조사에 참여하지 않았던 천안여중 같은 경우, 직접적으로 아이들의 의견을 듣지는 못했다. 대신 천안여중 교육복지사를 통해 간접적으로 확인했는데, 아침밥 지원이 아이들의 정서에 영향을 주는 듯 보였다. 천안여중 교육복지사는 다음과 같이 말한다.

"반응이 되게 좋아요. 다른 애들도 먹고 싶어 하고……. 저희는 교육복지 아이들이 150명, 좀 많아요. (아침밥 지원은 현재 8명 지원받음) 더 먹고 싶어 하는 애들도 있는데, 아침 시간을 맞추지 못하고…… 그런 것 때문에 더 못 먹죠. 대부분 부모님이 아파서 병원 치료를 받거나 한부모 가정, 다문화 가정이에요. 가정형편이 어렵다 보니 자기 존중감이 저하되어 있는 학생들인데 지역아동센터를 이용하여 아침 식사를 하고 난 후에는 학교프로그램도 적극적으로 참여하며 학교생활에도 잘 적응하고 있어요. 친구들에게 자랑도 해서, 주변 친구들도 함께 먹고 싶어 한다고……. 무엇보다 최근에 (아침밥 지원을 받는) 참여 학생들을 만나면 자신감 있는 밝은 모습을 볼 수 있어요."

천안여중 학생들은 지역아동센터에 다니는 아이들이 아니기 때문에 센터 급식 교사가 전화를 해서 챙기는 적극성을 보이지 않음에도 늦지 않고 아침밥을 먹으러 오는 경향을 보였고, 종종 등록되어 있지 않은 다른 친구를 대신 보내거나 데리고 오거나 해서 급식 교사를 당황스럽게 만들었다.

지역아동센터 교사들은 이구동성으로 보호자의 반응이 매우 좋다고 했다. 해누림지역아동센터 교사는 다음과 같이 말한다.

"보호자들의 만족도는 되게 높으시고요. 대체로 보면 원래 아침밥을 보호자가 챙겨주시던 가정이 있잖아요. 그런 가정에서 요청하셔서 조식으로 연결된 아이들이 대부분이에요. 조식 먹는 아이들이. 그러니까 힘든 상황에서 아버님이 아침밥을 챙겨주려고 노력하던 가정의 아버님이 너무 감사하다고, 해주셨으면 좋겠다고 한 가정의 아이들은 꾸준히 잘 가서 먹고 오고, 그리고 아침밥을 원래 안 챙겨 먹고 오던 애들이 집이 가까워서 조식 신청을 했는데, 게네들은 잘 안 챙겨 먹으려고 하고 잘 안 가고 이런 점들이 많이 반복되었던 것 같아요. 행동적인 변화는 잘 모르겠어요. 전체로 다 먹으면 변화가 느껴질 텐데, 우리 애들은 다섯 명만 먹으니까."

해누림지역아동센터 아이들의 경우, 청소년이다 보니 원래 아침밥을 먹지 않던 아이들은 아침밥 지원을 신청하지 않는다고 했다. 천안여중은 아침밥을 먹지 않았던 아이들도 학교 가는 길에 들르거나 학교에 갔다가 배가 고프니 다시 나오는 등의 행동을 보이기도 했다. 이는 사전·사후 조사에서 초등학생들이 남녀 간 차이를 보였던 것처럼, 해누림지역아동센터에서 신청한 청소년은 모두 남학생이었고, 천안여중에서 신청한 청소년은 모두 여학생이어서, 남녀 간 차이를 보이는 것일 수도 있고, 천안여중이 아침밥 지원 제공처인 햇살가득파랑새지역아동센터와의 거리가 가까워서 일 수도 있다.

아침밥 지원을 받는 지역아동센터 초등학생 아이들에게 '집에서 아침밥 지원에 대해 무엇이라고 이야기하는지' 물어보자, 대체로 '아무 말도 안 하셨다'라고 하는 아이들이 많아서 보호자의 반응을 적극적인 긍정으로 판단하기는 어려웠다. 하지만 간간이 센터 교사에게 고맙다고 전하는 보호자가 있는 것으로 보아 아침밥 지원을 신청하는 보호자들은 아침밥 지원에 대해 대체로 긍정적으로 생각하는 것으로 보였다.

마. 아침밥 지원사업 3년간 지속 참여 경험

2014년부터 2016년까지 3년간의 아침밥 지원을 받은 아이들은 그 시간을 어떻게 기억하고 있을까? 어떤 변화가 있었을까? 햇살가득파랑새지역아동센터의 2016년 현재 초등학교 6학년인 한 아동은 아침밥 지원을 시행하기 전, 센터 저녁 식사 시간에 최대 다섯 번까지도 추가로 밥을 더 먹어 급식 교사와 센터 교사를 놀라게 했을 뿐 아니라 센터 내 아이들의 놀림감이 되곤 했다. 그런데 아침밥 지원 시행 후, 센터에서 아침을 먹었고, 센터 저녁 식사 시간에 평균량의 식사만 하는 변화가 있었다. 2년 사이 키도 14.6센티미터가 자랐다. 그럴 뿐만 아니라 이를 닦지 않고 등교하던 아이가 센터에서 아침밥을 먹은 후 이를 닦고 등교하는 좋은 습관도 길러졌다. 심지어 이제는 저학년 동생들까지 챙겨서 등교하는 모습을 보면 마음의 여유도 생긴 것처럼 보였다.

2015년부터 아침밥 지원을 받는 천안여자중학교 3학년 한 학생은 아침밥 지원을 받기 전에는 아침밥을 먹지 않고 등교했었고, 늘 속이 불편하고 기분이 좋지 않았다고 한다. 아침밥 지원을 받고부터는 속이 편안해지고 화도 덜 내게 된다고 했다. 그래서 아침밥 지원을 계속 받고 싶다고 했다. 2015년부터 아침밥 지원을 받기 시작한 해누림지역아동센터의 한 고등학교 2학년 남학생은 센터 내에서 '지도하기 어려운' 학생이었다. 그런데 아침밥 지원을 받으면서 매일 아침 급식 교사의 안부 인사와 함께 일상적인 대화를 나누게 되었고, 점차 급식 교사에게 마음을 열어갔다고 한다. 1년간 아침밥 지원을 받은 후인 지금은 급식 교사에게는 더없이 따뜻한 친구로 변화했고, 센터의 어린 동생들까지 챙기는 모습을 보인다고 했다.

대체로 지속해서 아침밥 지원을 받은 초등학생의 경우, 눈에 띄게 키가 많이 자랐고, 저녁에 과식하는 나쁜 식습관을 고쳤으며, 양치하는 습관이 길러졌다. 또한 늦잠을 덜 자게 되었다. 초등학생과 중고생 모두를 포함해 지속해서 아침밥 지원을 받은 아이들은 아침밥 지원을 받기 전보다 더 많이 웃고 표정이 밝아졌으며 정서적으로 안정된 변화를 보였다.

3년간 새벽 5시에 일어나 아침 식사를 준비하고, 늦잠 자느라 오지 않는 아이들에게 전화해 깨우기도 하며, 세수를 안 하고 온 아이들을 단장시켜 학교에 보내는 일까지 한 급식 교사는 그간 힘들었지만 보람 있었다고 이야기한다. 햇살가득파랑새지역아동센터 급식교사는 다음과 같이 말한다.

"초등학생부터 고등학생까지 다양한 나이의 친구들이 함께한 공간 안에서 아침밥을 먹으며 오빠, 형이 없는 친구들은 고등학생 오빠, 중학생 언니들을 보고, 동생이 없는 언니, 오빠들은 초등학생 동생들을 보면서 서로 양보하고, 챙기는 모습을 보게 되고……, 또 친구들과 삼삼오오 모여 수다도 떨고, 공기 놀이하기도 하는 모습을 보면서…… 단순히 아침밥 지원활동은 아침밥만 먹는 것이 아니구나 하는 생각이 들어요."

3년간 아침밥 지원에 참여한 지역아동센터 교사들도 아침밥 지원이 단순히 밥을 먹이는 것에 그치는 것이 아니더라는 공통적인 이야기를 했다. 아침밥 지원은 단순히 아침밥을 만들어 차려주는 것만이 아닌, 아동의 전반적 상태를 점검하고 눈을 맞추고 안부를 물으며, 일상생활을 함께 나누는 돌봄을 동시에 제공하고 있었다. 아침 시간에 아이들의 얼굴 표정을 읽어 지난밤에 무슨 일이 있는 건 아닌지 확인하고, 오늘 아침에 일어나 세수는 했는지, 식사 후 양치질은 했는지, 머리는 빗었는지 등 생활지도 역시 함께했다. 아이들은 아침에 일어나 아픈데도 누구의 관심도 못 받았던 예전의 '그때'가 아니라 아침밥을 먹으러 가면, '어디 아프니?'라고 물어봐 주고, 챙겨주고, 걱정해주는 그 공간인 '아침밥 먹는 지금'에서 따뜻함을 느끼고 안정을 찾아갔다.

바. 성과와 고민

2014년 11월 토론회 후, 아동건강네트워크 정기회의, 책 읽기 모임, 워크숍 등에서 토론회를 포함한 아침밥 지원사업 전반에 대해 네트워크 참여자들의 평가가 이루어졌는데, 기대했던 것보다 빠른 성과에 다들 기뻐했지만, 또 다른 고민이 시작되었다.

우선, 가장 중요한 질質적인 부분에 대한 것이다. 몇 번의 평가에서 반복적으로 양量적 확대보다 질質의 확보가 더 중요한 것 같다는 의견이 많았다. 기본적으로 급식 교사의 정당한 노동에 대한 대가를 어떻게 적절하게 보상해줄 것인가에 대한 인건비 부분과 그간 포함되지 않았던 수도세, 전기세, 겨울 난방비와 같은 운영비 부분이 미해결인 상황에서, '시'에서 아침밥 지원을 시작했다고 해도 안정적인 아침밥 지원을 만들어가는 데 어려움은 여전히 남아 있다. 그간 급식 교사 인건비는 하루 2시간으로 산정했지만, 실제 아침밥 준비 시간은 식재료 구입 시간 등을 포함해 3~4시간이므로 센터 급식 교사의 헌신에 기반하고 있다.

그러나 이러한 노동자의 헌신에 기대는 방식은 바람직하지 못하며 지속성을 지니기도 힘들다. 또한 노동력을 착취하는 한 아침밥 지원사업이 어린이에 대한 '바람직한 돌봄'의 한 형태로 그 취지를 살리기 어려워지며, 아침밥의 질質도 보장하기 힘들어진다. 질質적인 부분 중 네트워크 참여자들이 우려한 사항이 또 하나 있었다. 그것은 어린이에게 아침밥을 지원하는 상황에 대한 이해 없이 '시'가 지원하니까 하나의 바우처 프로그램처럼 인식하여 일단 하고 보자는 센터의 경우, 식단을 영양가 있게 잘 구성할 것인지, 그리고 아침밥을 주는 환경을 정서적·신체적으로 따뜻하게 만들어줄지 의심된다는 것이다. 실제로 2015년 1월부터 아침밥 지원을 하겠다고 천안시에 신청한 한 센터의 식단 사진이 너무 터무니없어서 아동건강네트워크 참여자 중 일부는 분통을 터트렸다.

두 번째, 돌봄 측면에 대한 고민이다. 학기 중에는 센터에서 아침밥과 저녁밥을 지원하고 학교에서 점심밥(학교급식)을 지원해서 괜찮았는데, 방학 중에는 센터에서 아침밥과 점심밥을 지원하게 되면서, 저녁밥을 지원하지 못하는 상황이 되었다. 그런데 센터 아이들은 저녁 돌봄이 필요한 상황이기 때문에 센터 교사 처지에서는 아침밥이 우선인가 저녁밥이 우선인가를 고민할 수밖에 없는 상황에 놓이게 되었다.

세 번째, 지역아동센터에 다니는 아이들은 그래도 어느 정도 보호와 돌봄을 받는 아이들인데, 센터조차도 이용하지 못하는 아이들에 대한 염려와 걱정을 거둘 수 없었다. D센터 교사는 다음과 같이 말한다.

"센터를 다니다가 탈락이라기보다는, 센터조차도 이용하지 못하는 아이들이 있어요. 가정에서 그런 부분도 (센터에 다니도록) 못 해주는 거예요. 그런 지지도 못 해주고 아이의 관리가 되지 않아서 오지 못하는 아이를, 자꾸 문제를 일으키고 이렇게 하면서 자연적으로 퇴소가 됐는데 (중략) 그 아이를 이렇게 보는데 그냥 좀 마음이 좀 되게 짠하기도 하고 미안하기도 하고 그런 마음이……. 그 형이랑 걔가 가끔 저녁에 배가 고파서 마트에서 시식 코너를 돈다는 이야기를 딱 들었을 때 좀 그런 아이들이 비단 그냥 우리 센터에선 한두 명이지만 솔직히 센터 이용하지 않는 아이들 중에서 더 돌봄이 필요한 아이들이 많은데 꼭 지역아동센터에 있는 아이들을 솔직히 (센터 아이들을)

불러 먹이기는 (오히려) 쉬운 것 같아요."

이러한 염려 때문에 아동건강네트워크에서는 센터 밖 돌봄이 필요한 아이들을 위해 '동네' 차원에서 아침밥 지원사업을 함께 논의했다. 현재 제공처 역할을 하는 지역아동센터를 동네에 개방하는 방식 역시 고민해 보았으나 운영비 등의 문제가 있어 진행하지 못했다.

네 번째, 아이들에게 '고기 잡는 법'을 알려주어야 한다는 원칙에 관한 고민이다. 아침 식사를 스스로 챙겨 먹을 수 있는 나이의 아동(초등학교 고학년생과 중·고생)은 스스로 먹을 수 있도록 가르쳐 주어야 한다는 것이 아침밥 지원사업 초기에 정한 원칙이었다. 이를 위해 아동건강캠프에서는 주먹밥 만들기, 샌드위치 만들기 같은 프로그램을 운영하기도 했다. 원칙적으로 중·고생은 스스로 챙겨 먹도록 간편식 만드는 것을 알려주되, 간편식 자체를 지원하지는 말아야 한다. 하지만 식습관이 굳어져 안 주면 안 먹을 아이들이라는 것을 또한 알고 있어 계속 지원할 수밖에 없었다. 이는 아동건강네트워크 정기회의에서 아침밥 지원사업 논의 때마다 간간이 지속해서 제기되고 있는 문제였다.

2015년 초 이러한 고민을 떠안은 채, 아동건강네트워크는 아침밥 지원사업을 지속했다. 이러한 고민을 함께 나눌 수 있다는 것 자체가 아동건강네트워크 참여자 한명 한명의 역량이 향상되고 관계에서의 신뢰가 형성되었다는 것을 의미했다. 그런 측면에서 이는 아동건강네트워크의 상당히 긍정적인 성과라 평가할 수 있었고, 이러한 고민은 향후 네트워크 활동을 통해 해결해 나갈 수 있을 것으로 기대했다. 그러한 기대감과 희망을 동력으로 2016년까지 아침밥 지원활동을 지속할 수 있었다. 그러나 2015년 초의 고민과 어려움은 2016년 말이 될 때까지 해결되지 않았다. 여전히 위 네 가지 고민은 해결해야 할 과제로 남았고, 지역사회 내 공감대 형성과 아침밥 지원의 양적 확산에 대한 고민까지 더해 고민과 어려움은 더 깊어졌다. 이를 해결하기 위해서는 현재의 아동건강네트워크보다 좀 더 확장된 형태의 지역사회 참여와 연대가 필요할 것으로 보인다.

3) 산전·조기 아동기 간호사 가정방문 사업[8]

(1) 건강의 시작점으로서 산전·조기 아동기의 중요성

산전·조기 아동기는 건강의 시작점이라 할 수 있다. 산전·조기 아동기는 성인기 건강에 있어 '결정적 시기'critical period 또는 '민감기'sensitive period로 불린다. 성인기의 건강과 질병이 태아기 또는 초기 아동기의 요인에 의해 크게 영향을 받는다는 연구 결과가 축적되고 있기 때문이다. 물론 성인기 건강에 있어 산전·조기 아동기 이후, 학령기, 청년기, 성인기 요인의 역할을 무시할 수는 없다. 학령기, 청년기, 성인기를 대상으로 한 정책 및 프로그램도 성인기 건강 향상을 위해 중요한 역할을 한다. 하지만 일련의 연구 결과들은 아동기 이후 시기의 위험요인을 고려하더

---

8) 보건복지부(2021). 생애초기건강관리시범사업 지침서에서 요약 발췌하였음.

라도 산전·조기 아동기 위험요인이 성인기 건강에 여전히 중요하다는 점을 일깨워주고 있다.

또한 조기 아동기(2세 이하)는 아동기 건강발달에 영향을 미치는 중요한 위험요인(예: 산모 우울)과 건강발달 지표에 있어 불평등이 새롭게 형성되는 매우 중요한 시기라고 할 수 있다. 아동 발달(인지적, 비인지적 발달)은 이후 시기에 사회적 성취와 건강행태를 포함한 다양한 결과에 영향을 주므로, 이 시기에 형성된 불평등은 청소년기, 성년기, 노년기 불평등의 출발점이 된다.

(2) 산전·조기 아동기 개입 프로그램

세계보건기구가 2008년도에 발간한 「한 세대 안에 격차 줄이기」 보고서에서 산전·조기 아동기 정책 및 프로그램이 건강 형평 정책으로 매우 중요함을 강조하였다.9) 영국 정부가 2010년도에 발표한 건강 불평등 완화 국가 전략 보고서인 「공평한 사회, 건강한 삶」 보고서에서는 건강 불평등 완화 프로그램으로 임산부와 영유아를 대상으로 한 지속적 가정방문 프로그램을 제시한 바 있다.10) 산전·조기 아동기 개입

---

9) CSDH (Commission on Social Determinants of Health)(2008), 「*Closing the Gap in a Generation*. Health Equity through Action on the Social Determinants of Health. Final Report of the Commission on Social Determinants of Health」 (Geneva. WHO).

10) Michael Marmot, Peter Goldblatt, Jessica Allen, et al.(2010), 「*Fair Society, Healthy Lives(The Marmot Review)*」, Strategic Review of Health Inequalities in England post-2010.

프로그램의 비용 편익비는 매우 높다. 랜드 연구소의 보고서에 따르면, 미국의 산전·조기 아동기 지속적 가정방문 프로그램인 간호사-가족 파트너십Nurse-Family Partnership 프로그램의 비용 편익비는 5.7배인 것으로 나타났다.[11] 최근 밀러Miller가 실시한 연구에 따르면 아동이 18세가 될 때까지 간호사-가족 파트너십 프로그램은 6.4배의 비용 편익비를 보이는 것으로 조사되었다.[12]

　서울시에서도 이와 유사한 정책적 노력을 기울여왔다. 서울시는 2013년도부터 '건강한 미래를 향한 공평한 출발'을 모토로 한 '서울아기 건강 첫걸음 사업'을 시작하였다. 2012년도 '서울시 건강 격차 해소를 위한 보건 정책 방안 연구'를 통하여 산전·아동기 건강 형평성 사업으로 제시한 후, 무작위대조시험으로 효과성이 검증된 외국의 선진 프로그램[13])과 새로운 인력 교육프로그램을 도입하여 출발한 이 사업은 현재 전체 서울시 자치구(25개 구)에서 실시되고 있다. 이 사업은 산모의 만족도에 있어 매우 높은 수준을 기록하고 있다. 생태학적 접근과 비례적 보편주의의 원칙에 따라 보편적 사업 요소(보편적 임신부 평가, 보편방문)와 선택적 사업 요소(지속 방문, 엄마 모임, 연계 서비스)의 결합을 통해 다양한 아동 건강발달의

---

11) Lynn A. Karoly, M. Rebecca Kilburn, Jill S. Cannon(2005), *Early Child hood Intervention. Proven Results, Future Promise* (Santa Monica, CA. RAND Corporation).

12) Ted R. Miller(2015), 'Projected Outcomes of Nurse-Family Partnership Home Visitation During 1996~2013, USA,' *Prev Sci.* 16(6). 765-777.

13) L. Kemp, E. Harris, C. McMahon, S. Matthey, G. Vimpani, T. Anderson, et al.(2011), 'Child and family outcomes of a longterm nurse home visitation programme. a randomised controlled trial,' *Arch Dis Child* 96(6). 533-540.

위험요인과 보호 요인에 영향을 미치는 활동을 수행한다.[14)]

2019년 5월 23일, 우리나라 정부는 '포용 국가 아동 정책'을 발표하였는데, '가정방문 생애 초기 건강관리'로 임신부·조기 아동기 가정방문 서비스를 개발하여 제공하겠다는 계획을 발표하였다. 임신부·조기 아동기 가정방문 서비스의 사례로 '서울아기 건강 첫걸음 사업'을 국내 사례로 언급하였다. 보건복지부에서는 '산전·조기 아동기 방문 건강관리 방안 연구'를 통해 '서울아기 건강 첫걸음 사업'을 토대로 한 산전·조기 아동기 가정방문 서비스를 도입하여 2020년도부터 시범사업을 시행하기로 하고, 2021년 전국 21개 보건소를 시작으로 시범사업을 진행하고 있다.

(3) 생애 초기 건강관리 시범사업의 서비스 내용

'생애 초기 건강관리 시범사업'은 "건강한 미래를 위한 공평한 출발"을 모토로 ① 모든 임신부, 아동, 가족이 ② 가족-서비스제공자의 파트너십을 바탕으로 ③ 개인과 지역사회 차원의 ④ 다양한 건강 결정요인에 개입하여 ⑤ 생명의 시작점부터 ⑥ 건강한 출발이 가능하게 하는 데에 목표를 두고 있다.

임산부에 대한 보편적 평가와 산후 기본방문, 고위험군에 대한 지속 방문, 엄마 모임, 사회복지 연계 서비스, 교육자료 제공과 함께 향후

---

14) 강영호, 조성현, 전경자, 이지윤, 김유미, 조홍준(2018), '서울아기 건강 첫걸음 사업. 도입과 확대 과정, 사업 내용과 성과, 그리고 향후 과제,' 『한국모자보건 학회지』 22(2). 63~76.

시행해 나갈 데이스테이day stay, 단기 휴식 시설, 전화 상담 서비스 등을 통해, 아동 발달의 모든 측면(신체적 건강과 안녕, 사회성, 정서발달, 언어 및 인지기능 발달, 의사소통 능력)에서 모든 아동이 공평하게 출발할 수 있도록 하는 것이 사업의 궁극적 목표이다.

'생애 초기 건강관리 시범사업'은 다음과 같은 보편적 요소와 선별적 요소를 지닌다. 보편적 요소는 임산부 등록평가, 출산 후 가정방문에 동의한 모든 가족에 대한 기본방문 서비스로 구성된다. 선별적 요소는 아동 양육에 어려움이 있는 가족에 대해 산전부터 만 2세까지 25~29회 이루어지는 지속 방문 서비스, 그룹 활동(엄마 모임), 연계 서비스로 구성된다. 보건소의 다양한 모자보건 활동(엽산제, 철분제 지급, 홍보 및 자발적 참여 유도, 민간기관과의 협조 등)을 통하여 보건소의 임산부 등록률을 높이고, 이를 통해 기본방문 대상자를 파악하고 지속 방문 대상자를 선정한다.

출산 후 되도록 이른 시일 내에 기본방문을 시행한다. 산후 산모의 요청이 있거나 타 기관으로부터 의뢰가 있을 때도 기본방문을 진행할 수 있다. 출산 후 기본방문을 통하여 산모와 신생아의 건강 문제를 다루고, 양육과 관련된 활동(수유, 아이 달래기, 수면 문제, 모아 애착, 엄마와 부모 역할, 아버지 참여, 교육자료 제공, 보건소 프로그램 안내)을 수행한다. 모유 수유, 달래기, 재우기 등과 관련하여 필요할 경우, 일부 가정에 대한 추가 방문을 시행한다.

지속 방문은 간호사와 가족 간의 신뢰 형성, 파트너십 구축을 기초로 아동의 성장, 발달 단계, 가족의 필요에 맞추어 서비스를 제공한다.

기본방문 가족을 대상으로 한 엄마 모임을 영유아 건강 간호사가 조직하고, 사업 인력이 촉진자로서 엄마 모임을 진행한다. 이와 같은 엄마 모임은 애초 예정한 모임 일정이 끝난 후 지역사회 자조 모임으로 전환된다. 지속 방문을 담당하는 영유아 건강 간호사의 주도하에 지속 방문 엄마를 대상으로 한 엄마 모임도 조직된다. 유사한 유형의 가족들(한부모 가족, 다문화가족, 산모 우울 치료 가족, 유모차 걷기 모임, 모유 수유 모임, 놀이모임 등)이 참여하는 그룹 활동(엄마 모임)도 촉진한다. 지속 방문 엄마 모임과 같은 그룹 활동 경험을 통해 지속 방문 가족이 지역사회와의 관계를 형성하고 상호작용을 할 수 있는 역량을 함양한다.

'생애 초기 건강관리 시범사업'은 각종 보건의료, 사회복지 서비스 체계와의 연계 속에 존재하게 된다. 이를 위해 〈생애 초기 건강관리 시범사업〉에서는 전담 사회복지사를 둔다. 전담 사회복지사는 도구적 지원과 심리·사회적 지원을 담당하며, 아동, 엄마와 가족이 더욱 전문적인 요구(소아정신과적 문제, 가정폭력, 아동학대, 주거 문제 등)가 있을 때, 지역사회의 다양한 전문적 자원을 활용하여 가족의 요구를 충족시킨다.

지속 방문 대상자로 구분된 대상자에 대해서는 산전부터 태어난 아기가 만 2세 될 때까지 25~29회의 지속 방문이 이루어진다. 모든 지속 방문 대상자들이 2년 동안 지속 방문이 제공되지는 않고, 충실도 지표에 따라 12개월 시점에서 전체 지속 방문 대상자의 70% 이상에 대해 지속 방문이 이루어지고, 2년 시점에서는 50% 이상에 대해 지속 방문이 이루어지는 것이 목표이다.

(4) 영유아 어머니의 지속적인 가정방문 간호 서비스 참여 경험[15]

2013년도에 시작된 서울시의 '서울아기 건강 첫걸음 사업'에 등록하여 2년간 간호사의 지속적인 가정방문 서비스에 참여했던 영유아 어머니들을 인터뷰하여 경험을 분석한 결과는 다음과 같았다. 첫째, 초기에는 망설이거나 의심이 되어 기대가 없었던 경우도 있지만, 자신이 너무 힘들어서 도움을 받고자 동의했다고 하였다. 방문이 진행될수록 간호사를 기다렸고, 아기가 크면서 방문 간격이 길어지는 방문 스케줄이 좋았다고 하였다. 아기가 2세가 되어 방문이 종결되자 아쉬움을 표현하였고, 다른 사람들에게 적극적으로 추천하겠다고 하였다.

둘째, 지속 방문 서비스를 받으면서 간호사에게 자신의 감정을 표현할 수 있었고, 간호사의 공감을 받고 마음이 편안해지는 정서적 지지에 대해 자주 표현하였다. 아기의 발달과 소통에 관해 묻고 배우며 수유나 수면과 같이 아기 돌보기에 대해 간호사의 시범을 통해 배우고 확인받으면서 자신감을 갖게 되었다고 하였다. 또한, 자신이 모르고 있었던 사회복지서비스 혜택을 받을 수 있었고, 보건소 등 지역사회 자원을 활용하게 되었다.

셋째, 참여자들은 지속적인 가정방문 서비스를 받으면서 간호사에 대한 인식이 새로워졌다고 하였다. 간호사에 대한 감사를 표현하였고, 간호사가 친절했고, 자신뿐 아니라 아기와 함께 가족 같은 친근감이

---

15) 전경자, 이지윤, 조성현(2021). '영유아 어머니의 지속적인 가정방문 간호서비스 참여경험,' 『한국모자보건학회지』 25(1). 1~11.

느껴졌으며 무엇보다 믿고 의지할 수 있는 전문가라고 표현하였다.

끝으로, 지속 방문 서비스를 받으면서 참여자들은 엄마가 되어간다는 느낌을 말하였고, 자신감이 생겼다고 하였다. 또한, 부모로서 잘살아야겠다는 미래에 대한 포부를 말하였다.

4. 맺음말

지금까지 지역사회의 민간단체 차원에서 협력을 기반으로 한 아침밥 지원사업을 추진한 경험과 정부 차원의 산전·조기 아동기 개입 프로그램에 참여한 경험을 토대로 어린이 건강을 위한 사회적 실천의 가능성을 제시하였다. 어린이가 건강하게 자랄 수 있어야 지역사회가 지속가능하기 때문에 지금도 전국의 여러 지역에서 추진되고 있는 다양한 실천들이 있을 것이다. 활동을 공유하고 확장해나갈 수 있는 장이 광주지역에서도 시작될 수 있기를 기대해본다.

우리는 모두 어린이였고, 그 시간을 거쳐 현재의 삶을 살아가고 있다. 그 과정에서 가족과 지역사회, 나아가 국가 체계의 긍정적, 부정적 영향을 받을 수밖에 없었음을 알고 있다. 어린이 건강의 중요성을 입증하는 과학적 연구 결과가 부족하지도 않을뿐더러 어린이들은 건강하게 살아갈 권리를 보장받아야 하고 사회가 그 책임을 다할 것을 세계적으로 약속한 지도 30여 년이 지났다.

특히 2022년은 방정환 선생을 비롯한 천도교 서울지부 소년회가 어린이날을 선포한 지 100주년이 되는 해이다. '모든 어린이가 건강하게 자랄 수 있도록 어른들은 책임을 다하고 있는가?'라는 물음에 응답하는 일을 더는 미룰 수 없다.

전경자

서울대학교 간호학과, 서울대학교 보건대학원 석사

서울대학교 보건대학원 박사

순천향대학교 간호학과 명예교수

저서로 『10대와 통하는 건강 이야기』, 역서로 『코드 그린』, 『가족파트너십 모델』

외 다수

"

북미를 포함한 아메리카 대륙과 카리브해를 통틀어
피부색으로 그들이 속한 사회계층을 반영하는 패러다임을 따르지 않는 국가가 있다면
그것은 단연 쿠바 사회일 거라는 생각이 든다.

....

쿠바 사회주의가 지난 반세기 내내 미국 자본주의의 골칫거리인 이유는
그들의 방해와 경제봉쇄에도 불구하고 여전히 작동하는 사회 시스템이라는 점,
더 나아가 미국에서는 상상조차 할 수 없는 사회적 권리를
모든 쿠바 사람들이 누리고 있기 때문이다.

"

쿠바 사람들의 권리와 그들이 사는 법

정이나 쿠바 의대 재학, 사회인류학자

   중남미 혹은 라틴아메리카는 미국 남쪽 국경과 맞대고 있는 멕시코를 시작으로 남미의 칠레, 아르헨티나에 이르는 지역을 통칭하여 일컫는 이름이다. 쿠바는 바로 이 라틴아메리카 지역의 카리브해에 있는 섬나라다. 한반도 절반 정도 크기에 해당하는 국토 면적에 인구는 약 전 백만 명으로 한국의 1/5 수준이며, 정치경제 체제는 한국과는 다른 사회주의 국가다. 체제 성격이 다른 탓에 공식적인 우호국이 아니며 수교를 맺고 있지 않다. 무엇보다 세계 패권국 미국이 지난 60여 년간 체제 전복을 벼르고 있는 세계 몇 안 되는 국가 중의 하나다.
   여전히 우리에게 쿠바는 지리적 거리는 물론 언어, 생활, 습관 등 그 어느 것도 딱히 공유되지 않는 멀고 먼 낯선 국가일 뿐이다. 심지어 이른바 '국력'을 판가름하는 주요 기준인 경제 규모와 발전 정도로 보자면 세계에서 가난한 나라 중의 하나이다. 이 같은 쿠바가 세계 최강국 미국을 위시한 서구 유럽 열강들은 달갑지 않다. 아이러니하게도 힘센 '형님'국가들이 반세기가 넘도록 쿠바를 벼르고 있는 셈이다.

그러나 라틴아메리카에서 쿠바가 차지하는 정치 이념적 상징성은 그들, 소위 '형님 국가들'의 숙원 사업을 좀처럼 쉽지 않게 한다. 제2차 세계대전 이후 냉전과 1980년대 말 소비에트 붕괴 이전의 세계사적 이념 논쟁을 굳이 소환하지 않더라도, 라틴아메리카에서 사회주의란 이 지역의 민중들에게는 미국식 자본주의가 수탈해간 삶의 존엄과 권리를 회복하는 이론적 근거였고, 실천적 동력이었기 때문이다. 그리고 여전히 1950년대 이후 줄곧 라틴아메리카에서 끊이지 않는 민중들의 분노와 봉기, 좌절로 이어지는 고단한 민중들의 서사와 역사는 지금도 진행 중이다.

현재 한국에서 쿠바에 쏠리는 관심은 굳이 나누어 보자면 대략 두 부류로 압축해 볼 수 있을 것이다. 그중 하나는 최근 매스컴과 TV 프로그램을 통해 소개되는 이국적 취향의 새로운 관광지나 에메랄드빛 카리브 해변과 강렬한 태양에 이끌리는 청년 세대, 그리고 다른 한편으로는 1980년대 새로운 대안 체제로서 사회주의 이상을 품었으나 이제는 중년이 훌쩍 넘은 나이가 된 당시의 수많은 '청년'들이다.

이들은 각기 다른 시선과 분명히 다른 관심사에 따라 현실의 쿠바를 마주하게 될 것이다. 어쩌면, 우리 스스로가 제멋대로 품은 상상과 기대의 언저리에서 때로는 희망 섞인 기대, 혹은 예기치 않은 경험이 주는 당혹감으로 어리둥절할 수도 있다. 그런데도 쿠바 사람들의 삶과 일상이라는 것도 결국 희로애락을 겪는 우리의 삶과 크게 다르지 않음을 어렴풋이라도 느끼게 되는 순간이 비로소 내가 속하지 않았던 사회를 이른바 객관적으로 바라보게 하는 첫걸음일 수 있다고 감히 말하고 싶다. 그리고 그 시작으로 내가 쿠바에서 경험한 쿠바인의 아주 작은 일상의 단면을 이야기해보려 한다.

쿠바 사회주의

사회주의라는 시스템이 언제부터 전체주의의 또 다른 표현으로 자리를 잡았는지 정확한 시점은 알 수 없다. 또한 인류 보편의 권리라는 '자유', 그리고 '번영'이 어찌하여 자본주의가 독점하는 가치가 되었는지는 더더욱 이해할 수 없는 노릇이다. 적어도 라틴아메리카 국가 대부분이 현재 직면하고 있는 사회의 구조적 모순들은 자본주의 시스템이 태생적으로 잉태할 수밖에 없는 것임에도 말이다.

풍요로운 소수와 다수의 빈곤층이 겹겹이 만들어내는 그 사회적 관계망은 흔히 우리가 일컫는 '불평등'이라는 개념으로는 부족한 현대판 봉건사회를 구축하였으니, 이른바 '자유인들'로 구성된 새로운 신분 질서가 만들어졌다 해도 과언이 아니다. 그리고 이로부터 라틴아메리카의 굴곡진 근현대사가 시작되었다.

서구에서 자본주의가 본격적으로 궤도에 오르는 19세기 초반 유럽으로부터 독립한 라틴아메리카 국가 대부분은 이후 미국 자본주의가 성장하는 가장 '모범적'인 시장인 동시에 원자재 공급을 위한 수탈과 착취의 대륙이었다. 물론 이 같은 종속 관계가 성립하려면 지역 내 매판 자본가와 지배계급의 '공조'가 필요했음은 물론이다.

민중적 기반이 취약한 라틴아메리카 내 흔히 '백인' 혈통의 기득권 세력은 미국 지배계급과의 동맹을 이용하는 것 외에는 자국의 위기 상황을 해결할 수 있는 정치적 능력 따위는 애초부터 가지고 있지 않았다. 현재 베네수엘라의 사태가 이를 증명하고도 남는다. 자국의 사회 불평등을 해소하고 친민중적 국가개혁을 추진하던 역대 정부들이 대부분 미국의 노골적인 방해와 군사개입으로 무너졌다. 1954년 과테말라의 아르벤스 정권, 1973년 칠레의 아옌데 사회주의 정권에 대한 군사쿠데타, 그리고 1980년대 니카라과 산디니스타 개혁 정부에 저항한 콘트라 반군에 대한 군사적 지원 등은 빙산의 일각일 뿐이다.

라틴아메리카 지역에서 쿠바 사회주의가 갖는 의미는 그 체제가 여타 다른 자본주의 사회보다 우월하다거나 이상적이라는 '과장된' 감성적 연대에 불과한 것이 아니다. 쿠바 사회는 분명 다른 라틴아메리카 지역은 물론 미국과도 비교되는 다양한 층위의 사회문화적 단면이 존재한다. 가령 민주주의의 첨병이라는 미국에서조차 끊이지 않는 인종차별 문제, 그리고 지난해 미국에서 소위 공권력이라는 이름으로 가한 흑인 조지 플로이드George Floyd에 대한 '살인'은 미국 사회에 만연한 흑인에 대한 차별과 뿌리 깊은 인종주의의 민낯을 여실히 드러냈다.

그래서 인종이나 피부의 구별이 더는 차별이 되지 않는 쿠바 사회의 이야기를 시작으로 쿠바 사람들이 사는 법을 들여다 보았으면 한다.

인종차별 논쟁의 종식?

인간의 존재가치가 피부색이나 인종에 따라 다를 수 있다는 케케묵은 인종차별적 인식은 21세기를 사는 인류에게 더는 해당 사항이 없는 것일까. 스스로 적당히 교양을 갖추고 근대적 교육을 받았다고 자부하는 이들은 과거에 만연했던 인종차별을 지지하거나 정당화하는 일이 부끄러운 일임을 안다. 그래서일까. 적어도 자신의 인종주의적 편견을 당당하게 드러낼 수 있는 이는 드물다. 최근에는 이 같은 최소한의 '금기'의 경계조차 무너지고 있지만 말이다. 백인 우월주의를 노골적으로 부추겨 자신의 정치적 기반으로 삼은 트럼프가 미국 대통령이 되었다는 사실이 더는 놀랍지 않은 현실이다.

그런 탓에 현재 미국의 조지 플로이드 사건으로 다시 불거지는 인종차별 논쟁은 인간 이성의 힘이 닿지 않는 씁쓸한 단면을 보는 듯하다. 잘 알려진 바와 같이 아메리카의 북쪽, 현재 미국에서 팽배한 인종차별의 기원은 흑인 노예로부터 시작되었다. 아프리카로 건너간 백인은 아프리카 토착민을 짐승 사냥하듯 잡아들였고, 노동력이 필요한 곳에서 그들을 노예로 만들었다.

그러는 사이 남아메리카에는 16세기 구대륙의 유럽인이 세기의 '진보'라고 자화자찬하는 '신대륙 발견'과 함께 유럽인이 옮긴 전염병과 식민지 과정에서 일어난 학살과 강제노동으로 80%가 넘는 원주민이 사라졌다. 이들을 대신할 노동력이 필요해지자, 아프리카에서 끌려온 흑인들로 대체했고, 이로써 라틴아메리카는 백인을 비롯한 원주민과 흑인 등으로 이루어진 소위 '다인종'이 사는 대륙이 되었다.

북미 이남의 멕시코를 시작으로 중앙아메리카, 그리고 볼리비아, 페루 등 상대적으로 아메리카 토착 원주민의 인구 밀집도가 높았던 경우와 다르게 쿠바를 비롯한 카리브해 지역은 지배층을 이루는 백인과 대형 플랜테이션 농업에 동원되었던 흑인의 존재가 더욱 두드러진다. 또한 포르투갈의 식민지였던 브라질은 다른 스페인어권 대륙의 국가와 비교해 흑인의 인구밀도가 높은 편에 속한다.

16세기 이후 라틴아메리카 대륙과 카리브해 섬을 관통하는 500년 식민지 역사는 백인 중심의 지배계층이 구축되는 과정이었고, 이에 따른 식민지 유산의 경제적 지배 질서가 여전히 팽배하다. 이것은 식민지 잔재이고 유산이다. 유럽 백인의 지배를 받았기에, 그 외의 다른 피부색의 '인종'은 열등한 존재가 되어야 했다. 동서고금을 막론하고 지배계급은 착취를 정당화하는 이데올로기가 필요하듯 식민지 지배 질서에서는 더욱 그러하다. 세계의 다양한 인종이 '우월함'과 '열등함'의 프리즘에 따라 서열이 나뉜 본질적 이유일 거다.

인종과 계급의 '경계'

애초부터 열등한 인종은 없었다. 식민지 질서가 구축한 착취경제의 지배 질서가 있었을 뿐이다. 이는 아메리카 토착 원주민과 흑인 계층에 만연한 빈곤과 악순환하는 열악한 처지를 설명하는 출발점이다. 그런데도 여전히 특정 집단에 치우친 '불운'을 설명하는 데 있어, 만약 그것이 피부색과 연관된 것이라면 인종 문제를 소환하는 것만큼 손쉬운 것은 없어 보인다. 지배 질서를 유지하기 위해 기저에 흐르는 문화, 관습, 신념, 가치, 이데올로기 등은 그 물질적 기반과 함께 사회를 구성하는 단단한 구조가 된다.

따라서 하나의 사건이나 이벤트로 기존의 지배 질서에 변화를 가져오는 일은 쉽지 않은 일이다. 흑인 오바마 대통령을 배출했다 하여 미국 사회에서 흑인 계층이 당하는 차별의 구조적 문제와 편견이 사라지는 것이 아니다. 마찬가지로 과테말라 리고베르타 멘츄Rigoberta Menchu가 원주민 최초 노벨평화상을 수상했다고 해서 원주민에 대한 차별과 억압이 사라지고 평화를 가져오는 것이 아닌 것처럼 말이다.

오히려 미국 대통령이 된 흑인 남성과 노벨평화상을 받은 원주민 여성 개인의 '영광'은 아이러니하게도 미국과 과테말라 사회의 기저에 흐르는 흑인과 원주민에 대한 차별과 멸시를 은폐하는 기제로 작동하고 있는 느낌이다. 마치 흑인도 노력만 한다면 미국에서는 얼마든지 대통령이 될 수 있다는 '성공 신화'가 만들어지고, 과테말라에서는 더는 인종차별 없는 평등하고 평화로운 사회가 비로소 시작된 것과 같은 '착시'를 일으키는 것처럼 말이다.

라틴아메리카 사회에 만연해 있는 인종에 따른 차별과 '멸시'는 실제로 그 특정 계층이 차지하는 물질적 기반에 근거하는 것이지 피부색에 따른 차별이 아니다. 이는 라틴아메리카의 고질적인 빈곤이 원주민과 흑인 계층에게 집중되는 한 인종차별이 없는 라틴아메리카를 상상하기는 어렵다는 말이기도 하다. 그런데 이 지역의 최대 비극은 절대적 빈곤이 아니라 상대적 빈곤, 즉 사회의 양극화라는 '고약한' 사회적 속성을 가지고 있다는 사실에 있다.

상류층의 소수와 다수의 빈곤층이 겹겹이 만들어 낸 그 사회적 관계망들은 흔히 우리가 일컫는 '불평등'이라는 개념으로 설명하기 부족한 현대판 봉건사회를 구축하였으니, 이른바 '자유인들'로 구성된 새로운 신분 질서가 만들어졌기 때문이다. 벤츠를 타고 오전에 출근길에 오르며, 직장 동료들과 사설 경비 시스템이 잘 갖춰진 쇼핑몰에서 점심을 먹으며 동료애를 확인한다. 그리고 퇴근길에는 딸의 7살 생일을 축하하기 위해 예약해 둔 근사한 이탈리아 식당으로 가족과 함께 저녁을 먹으러 가는 마야 전통의상을 입은 과테말라의 원주민을 잠시 상상해본다. 상류층 백인이 누리는 평범한 일상을 말이다.

그러나 현실은 냉정하다. 부촌의 저택에서 정원사나 가사 도우미로 일하는 원주민의 새벽 발 빠른 출퇴근의 모습, 아침마다 '주인' 집 애완견을 산책시키는 메이드 차림의 원주민 소녀는 과거 식민지 시대의 봉건사회를 방불케 하는 씁쓸한 일면이다. 미국 '고전'의 반열에 오른 영화 〈바람과 함께 사라지다〉에서 여주인공의 코르셋을 조여주는 흑인 하녀의 모습을 상상해보는 것으로 충분하다.

물론 국가에 따라 그 정도와 양상의 차이는 있을지라도 라틴아메리카 지역에서 인종에 따른 사회적 위치와 물질적 기반이 확연히 구별되는 모습을 확인하는 것은 그리 어렵지 않은 일이다. 과거 아메리카 고대 문명을 이루고 살았던 토착민의 존재가 두드러지는 메소아메리카와

안데스 지역, 20세기 초 유럽 출신의 백인 이민자를 국가 정책적으로 받아들인 남미의 아르헨티나와 칠레 같은 나라의 경우에는 물론 다른 패턴의 차별이 존재한다.

그러나 여전히 라틴아메리카의 뿌리 깊은 인종적 편견은 북미의 흑인에 대한 차별을 정당화하는 기제와 크게 다르지 않다는 점이다. 문제의 본질은 그들의 피부색이 아니라 근대 자본주의 국가의 시스템으로부터 선택적이고 체계적으로 배제당한 계층이 그로 인하여 점유하게 된 가장 낮은 사회적 위치와 열악한 경제적 상황이 그들이 차별받는 이유다. 즉, 그들은 가난해서 차별받는 것이다. 가난은 자본주의 사회의 강력한 차별 시스템의 근간이기에 그렇다.

인종적 편견은 일상을 파고든다

치음으로 미국 샌프란시스고 공항에서 버스를 타고 시내 번화가를 갔던 약 20여 년 전 경험을 떠올려본다. 영화와 텔레비전 드라마로 보던 미국의 도심을 구경할 참이었다. 한국에서 고작 팝송이나 스티븐 스필버그가 만드는 할리우드 영화를 통해서 미국 사회를 접했던 나로서는 그 모든 것이 신기해서 넋을 잃고 창밖을 보며 버스에 앉아 있었다. 그런데 버스에는 나와 흑인으로 보이는 몸집이 큰 남성이 유일한 승객이었다. 그는 회색 후드티를 입고 있었고, 옷에 달린 모자를 쓰고 있는 모양이 영락없이 미국 영화에서 자주 봄 직한 모습이었다. 슬럼가에서 음악을

틀어놓고 춤을 추며 마약 거래를 하고, 짓궂은 장난으로 행인에게 휘파람을 불며 괴롭히는 불량한 모습의 흑인 말이다.

버스 운전사를 제외하고, 그와 나만 버스 안에 있다는 사실을 깨닫는 순간 난 원인 모를 공포와 긴장감에 휩싸였고, 심장이 두근거렸다. 버스에 사람들이 더 오르고 내가 버스에서 내린 뒤에야 진정이 되었다. 심지어 그는 나를 돌아보지도 않았고, 어쩌면 내가 타고 있다는 것조차 알지 못했을 것이다. 그러나 나는 단지 흑인이라는 이유로 그에 대한 극심한 공포를 느끼고 있었던 것 같다. '만약 그가 백인이었다면 달랐을까?'라는 의문은 이후 나 자신에게 종종 던지는 질문이다. 당시의 기억은 꽤 오랜 시간 잊히지 않는 기억으로 남아 떠오르곤 한다. 대한민국 국경 밖의 세상 구경을 막 하기 시작한 겁 많았던 나의 '엉뚱한' 반응에 실소를 짓기도 하지만, 다른 한편으로는 '왜 대체 세상은 내게 흑인에 대한 그 같은 편견을 갖도록 했는가!' 라는 질문이 되돌아오곤 했으니까.

그렇다면 쿠바는 어떨까. 쿠바에서 거의 언제나 발 디딜 틈 없이 사람들로 가득 찬 버스를 타고 이동하면서 백인부터 혼혈, 흑인 그리고 아시아계인 나를 포함하여 진정으로 '인종의 용광로'가 있다면 바로 여기 버스 안이 아닌가 하는 생각이 들곤 한다. 과연 라틴아메리카 어느 나라에서 이처럼 모든 피부색의 사람들이 뒤엉켜 아무렇지 않게 버스를 타고 내리고, 백인 피부의 남성이 버스에서 내리는 흑인 여성의 손을 잡아 넘어지지 않도록 붙잡아 주는가 하면, 시장과 거리에서 평범한 일상을 공유하고, 안부를 묻고 인사를 주고받는 곳이 가능할까. 다양한 피부색을 가진 '인종'의 삶이 이렇듯 평등을 누릴 수 있는 곳은 단연코 쿠바 사회에서만 가능한 일일 것이다.

19세기 이후 쿠바 경제의 주축이 된 대형 플랜테이션 산업으로 아프리카는 물론 자메이카와 아이티 같은 카리브해 섬의 주변 국가로부터 많은 흑인이 유입되었다. 쿠바는 물론 라틴아메리카에서 아시아계 동양인은 모두 치노Chino 혹은 치나China-여성인 경우로 부른다. 스페인어로 '중국 사람'이라는 의미의 치노가 일반적으로 라틴아메리카에서는 다소 인종차별적 의미로 무작위로 지나가는 동양계 사람을 향해 외치고는 한다. 가끔은 양쪽 눈을 잡고 '얄궂은' 몸짓을 동반한 한 채 말이다. 어느 사회이든 짓궂은 이들은 존재하고 질풍노도의 시기를 관통하는 청소년이나 청년이라면 더욱 이 같은 기회를 놓치지 않는 법이다.

이 점은 쿠바도 별반 다르지 않다. 오히려 다른 라틴아메리카 지역보다도 더욱더 노골적이고 직설적이라는 인상을 받을 수 있으니까. 간혹 기분이 좋지 않은 우울한 날이면 거리에서 나를 "치나!"라고 부르면 굳이 "나는 한국 사람이라고요!"라고 정정하면서 기분이 나쁘다는 사실을 끝끝내 전하고야 마는 나의 신경질적인 반응도 적지 않았음을 고백한다.

심지어 출발하려는 버스를 잡아 저 멀리서 뛰어오는 나를 태울 수 있도록 도와준 흑인 청년에게 "나에게 그런 식으로 말하지 마세요!"라고 쏘아붙이는 일도 있었으니 이 같은 나의 히스테리컬한 반응에 짐짓 나 자신도 놀라울 지경이다. "휴~ 중국 여자애 하나 태웠다! 야호!"라고 말하는 그의 장난기 가득한 얼굴을 정면으로 응시한 채 말이다. 그 순간

쿠바 아바나의 한 광장 분수대 근처에서 함께 놀고 있는 아이들 모습 (2018).

'내가 너무 했구나'라는 후회는 의외로 빠르게 찾아왔다. 나의 갑작스러운 반응에 놀라서였을까. 그 청년은 살짝 당혹스러운 표정을 지었고, 그의 동공은 흔들리고 있었으며, 미안한 기색이 역력한 눈빛으로 나를 바라보는 것이 아닌가!

잠시 후 버스가 나의 목적지에 다다르고, 나는 그의 시선을 외면할 틈도 없이 그가 내미는 손을 살포시 잡으며 버스에서 내렸다. 나의 완전한 '패배'였다. 여전히 주변의 많은 사람은 나를 '치나'라고 부른다. 종종 일어나는 일에 쿠바의 친구와 지인은 '치노'라고 부르는 일이 결코 특정 인종에 대한 혐오나 경시를 의미하는 것이 아님을 나에게 이해시키려 했다. 오히려 애정이 담긴 표현이라며, 쿠바 사람들 간에도 종종 서로를 그렇게 부르기도 한다며. 그런데도 쿠바에서 '치노'란 그저 서구인과 다른 눈매를 가진 아시아계를 통칭하여 부르는 대수롭지 않은 호칭에 불과하다는 것을 인정하게 될 때까지는 제법 시간이 흐른 뒤에나 가능한 일이었다.

쿠바, 피부색에서 가장 자유로운 국가일수도

북미를 포함한 아메리카 대륙과 카리브해를 통틀어 피부색으로 그들이 속한 사회계층을 반영하는 패러다임을 따르지 않는 국가가 있다면 그것은 단연 쿠바 사회일 거라는 생각이 든다. 흑인과 백인 아이가 서로 뒤섞여 노는 것을 보는 것은 흔한 일이다. 인종 혹은 피부색으로 차별을 받는다거나 불이익을 받는 것은 상상할 수도 없다. 다양한 피부색의 개인이 함께 모여 앉아 이야기를 나누고, 직장에서 회의하며 일상을 살아가는 일이 너무나 자연스럽다.

이 같은 쿠바 사회의 속성상 굳이 아시아계 사람을 혐오하거나 경시하는 소위 왜곡된 '오리엔탈리즘'이 만연한 곳은 더더욱 아닐 것이다. 아시아계 동양인으로 내가 보인 신경과민은 어쩌면 피부색에 따라 차별받는 사회에 익숙한 나의 자화상이었을지도 모르겠다. 동양인이기에 차별받는다는 피해의식은 쿠바가 아닌 백인 우월주의가 득세하는 지구촌 다른 곳에서 만들어진 나의 왜곡된 자의식 때문일지도 모른다고 인정해야 할 것 같다.

쿠바의 청소년들이 함께 어울리는데 피부색은 아무런 경계가 되지 않는다(2018).

물론 현재 쿠바 사회에서 다양한 피부색을 가진 사람들의 공존이 항상 가능했던 것은 아니다. 쿠바 혁명이 일어난 1959년 그때 14살이었다는 뻬드로Pedro할아버지 개인 서사에는 흑인이기에 차별받았던 과거의 기억이 대부분이다. 그는 검은 피부색을 가진 흑인이었고, 그가 백인 엘리트 계층이 지배하는 사회에서 흑인으로 살아야 했던 사회적 메시지는 명료했다. 태어나서 유년기 시절을 기억하는 순간부터 그는 학교에 가는 대신 가구를 나르고, 페인트칠했던 노동의 기억, 배고팠던 기억, 백인 사장인 노동 감독관이 오면 너무 어린 나이라서 숨어야 했다는 유년의 기억들. 아동노동을 하며 착취를 받았던 기억은 1959년 이후 피델Fidel Castro에게 자연스럽게 옮겨진다. 피델은 그가 비로소 학교 다닐 수 있도록 해준 사람이었다. 이후의 쿠바는 적어도 뻬드로 할아버지에게는 자신의 유년기와는 전혀 다른 모습이 되었다.

뻬드로 할아버지의 회상은 마치 회고록을 방불케 하는 구술의 기억이다. 그의 이야기는 세월이 흐르는 시간의 순서도 아닌, 그렇다고 기승전결이 분명한 것은 더더욱 아니었다. 앞으로의 일보다 지나온 시간을 기억해야 하는 일이 더 많은

뻬드로 할아버지. 이야기 중간중간 회상에 잠기듯 하늘을 바라보는 모습(2018).

할아버지의 머릿속에는 역사의 격변기를 살아낸 사람이 그렇듯 개인의 삶과 역사가 하나로 뒤엉켜 기억되고 있다.

식민지를 살았던 시기에는 노예로, 혁명 전에는 최하층 노동자로, 쿠바로 이주한 수많은 흑인이 모두 뻬드로 할아버지의 삶과 같지는 않을 것이다. 하지만 분명한 것은 쿠바에서 더는 개인이 가진 피부색으로는 계층이나 계급을 단번에 구별할 수 있는 인종차별이 만연한 사회가 아니라는 점이다. 쿠바 사회의 이 같은 속성에 비추어 보면 거리에서 시도 때도 없이 나에게 '치나'를 외치며 '반갑게' 인사하는 쿠바 사람들에게 보인 나의 신경과민적인 반응은 어쩌면 나의 왜곡된 '오리엔탈리즘'의 콤플렉스였을지도 모른다는 생각이 든 건 지나친 비약일까.

반反쿠바를 주장해야 유리한 쿠바인의 '운명'

굳이 '혁명'이라는 거창한 수식어를 사용하지 않더라도 1959년 쿠바에서 일어난 변화는 20세기 중반 아메리카 대륙은 물론 세계의 이목을 집중시킨 사건임에는 분명하다. 이후 쿠바는 과거와의 완전한 단절을 통해 새로운 사회를 구상하였고 구체화하였다. 새로운 사회가 추구한 것은 다수의 행복이었고, 인간의 존엄과 가치를 우선하며 인간이 인간을 착취하지 않는 '자유' 개인들로 구성한 평등한 인간사회였다. 당연히 이 같은 사회적 구상이 자본주의 체제와는 애초에 들어맞지 않는 것이었고, 이른바 자본에 대한 대안 체제로서 세계 이념 지형의 절반을 이루고 있던 사회주의 사상에 가까운 형태였다.

어찌 되었든 반세기 넘는 동안 지금의 쿠바가 이룩한 사회적 성과는 세계에서 가난한 나라 가운데 하나라는 '오명'에 비해 놀라울 만큼 '모범적'이다. 소위 부富국이라는 선진국에서 나타나는 빈곤층의 증가와 심화하는 사회적 불평등이 일으키는 소요와 혼란 등은 결코 가벼운 사회적 문제가 아니다. 세계 최강국인 미국에는 어림잡아도 1,130만 명 쿠바 인구의 4배에 달하는 국민이 의료혜택을 받을 수 없다. 이 같은 현실을 풍자 고발한 마이클 무어Michael Moore의 의료 다큐멘터리 〈시코Sicko, 2008〉는 의료가 시장과 자본의 논리로 작동되는 순간 일어날 수 있는 그리고 실제로 일어나고 있는 미국의 현실을 적나라하게 보여준 경우다.

이 같은 구조의 사회적 결과는 코로나19팬데믹 초반 세계를 놀라게 했던 엄청난 감염자 수와 사망자를 비롯하여, 천문학적인 코로나 치료

비용 등으로 드러났다. 미국은 공식적으로 의료혜택을 받을 수 없는 4천만이 넘는 소외계층에게 건강할 권리를 박탈했다. 결국 그들이 비록 질병으로 고통받고 사망에 이른다 해도 사회는 그저 '개인적'인 문제일 뿐이라고 치부해버리면 그만인 셈이다.

어쩌면 쿠바 사회가 보장하는 권리라는 것은 다른 특별한 것에 있는 것이 아니라, 사회 구성원을 촘촘히 차별하고 배제하는 제도와 정책을 지양하는 데 있다. 쿠바에서 의료나 교육 등이 무상이고 보편적인 이유는 차별을 방지하고 동등한 기회와 권리를 모든 구성원에게 보장하기 위한 것일 뿐이다. 이에 쿠바에서 흔히 '자유'가 보장되지 않는다는 그릇된 인식은 다분히 누군가의 의도적인 왜곡이 아니라면 불가능하다. 쿠바가 자유로운 사회라는 사실은 국제사회의 주류에게 참으로 불편한 진실이다.

사실상 이 불편함의 본질은 이미 반세기가 넘어 60여 년이 넘은 쿠바 체제, 이른바 사회주의를 인정할 수 없기 때문이다. 그리고 이를 정당화하는 방식은 언제나 쿠바를 '독재'국가로 낙인찍는 것으로부터 시작한다. 그런데 아이러니하게도, 라틴아메리카의 근현대사를 살펴보면 독재는 자본주의 체제와 그 공생 능력이 탁월했다. 칠레, 아르헨티나, 브라질 등 1970년대를 휘감은 군부독재는 너나 할 것 없이 신자유주의 자본주의 체제와 높은 친화력을 보여준 사례이다. 따라서 사회주의 체제이기 때문에 독재라는 공식은 어딘가 모르게 허술하다.

그래서인지 이 같은 허술함은 다양한 수단의 미디어를 통해 교묘하게 왜곡되고 심지어 거짓이 난무하는, 이제는 흔한 표현이 된 가짜뉴스fake news를 통해서 가능하다. 국내는 물론 해외의 주류 미디어 환경에서도 어김없이 벌어지는 이 같은 볼썽사나운 그들의 막장 저널리즘은 유독 쿠바와 베네수엘라 같은 나라에는 더없이 혹독하다. 아니나 다를까, 얼마 전 우연히 구글 브라우저에 무작위로 필터 된 기사 제목이 눈에 들어왔다.

"파나마 공항 게이트 147, 쿠바로 돌아가고 싶지 않은 한 쿠바 가족의 운명"

기사 제목에 시선이 쏠리는 것을 피할 수 없다. 2004년 개봉한 톰 행크스 주연의 영화 '터미널'을 연상케 했기 때문이다. 영화는 뉴욕 JFK 공항에서 갑자기 난민 신세가 되어 수 개월간 공항에서 노숙해야 했던 실화 인물을 바탕으로 만든 자칭 '휴먼드라마'다. 제목에서 이미 고약한 의도가 느껴지는 기사를 읽어보았다. 분명 쿠바를 떠나고 싶은 수많은 쿠바인의 단상을 소개하고 싶었으리라. 그리고 무엇보다 이 기사의 궁극적 목적은 쿠바 '독재' 체제 아래 고통받는 쿠바 사람들의 모습을 그려내고 싶었을 것이다.

그 쿠바인 가족이 절대 고향으로 돌아가지 않으려는 이유가 종교 탄압이라는 다소 의외의 이유를 들었을 뿐 기사에 등장한 쿠바인 곤잘레스 González씨의 입장도 기사의 의도와 크게 다르지 않아 보였다. '종교의 자유'가 없는 쿠바에서 자신의 믿음이 탄압의 대상이라는 것이다. 그래서 정치적으로 억압받고 있으며, 이것이 그들이 쿠바로 돌아갈 수 없는 이유라는 것이다.

'쿠바에는 종교의 자유가 없다.' 분명한 거짓이다. 개인이 무슨 종교를 가졌는지조차 크게 관심을 두지 않는다. 종교가 일상을 지배하는 신정 국가가 아니므로 더욱 그러하다. 심지어 쿠바는 닭의 목을 자르고 그 피를 사용하는 종교의식을 치르는 아프리카 기원의 토착 종교가 버젓이 존재하는 곳이다. 소위 '미신'이라고 불릴 만한 다양한 버전의 종교가 널리 퍼져있다. 스페인의 식민지였으나, 가톨릭 신자보다 아프리카 기원의 토착 종교가 더욱더 지배적이다. 혁명 직후 마르크스 유물론이 쿠바 사회의 전반적인 분위기를 '반종교'적으로 이끈 시기도 있었지만, 이 또한 시간과 함께 자연스럽게 해소되었다.

그리고 최근 쿠바에서 간혹 '새로운' 종교를 믿는 사람들이 눈에 띄기도 한다. '여호와의 증인'이다. 여전히 극소수에 해당하고, 그 확산세 정도가 어느 정도인지는 조사해보지 않아 아직 판가름하기 어렵다. 하지만 쿠바에서도 한국과 마찬가지로 여전히 소수의 종교단체에 속한다. 그리고 게이트 147번의 가족의 종교는 여호와의 증인이다.

닭의 모가지를 비트는 의식을 치르는 종교조차도 쿠바에서는 아무렇지 않게 받아들인다. 이 같은 종교의식으로 가끔 길거리에서 목이 잘린 동물 사체를 보는 일도 심심치 않다. 그런데 "'여호와의 증인'이라 탄압을 받고 있다?"라고 이들은 주장한다. 그들의 믿음은 쿠바 정부로부터 탄압의 대상이고, 정치적으로 쫓기고 있다는 그들의 주장이 석연치 않은 이유다. 백번 양보해서 납득해 보려하지만 여호와의 증인이 쿠바에서 탄압받을 이유는 없다.

그들의 믿음이 종종 쿠바 사회가 일반적으로 요구하고 인정하는 가치와 상충하기도 한다. 이상한 일이 아니다. 한국에서도 심심치 않게 볼 수 있는 사회적 통념과 종교적 믿음 사이의 갈등처럼 일상적이다. 그것은 여호와의 증인이 가끔 한국 사회가 지양하는 가치와 충돌을 일으키고, 그로 인해 갈등이 불가피하게 일어나는 것과 같다. 그런데 왜 이 쿠바 가족은 여호와의 증인이라는 이유로 종교적 '탄압'을 받는다고 주장하는 것일까?

그들은 파나마 공항 147 게이트 앞에서 일주일째 노숙을 하며 자신들을 받아주는 '은혜로운' 국가를 무작정 기다리는 중이다. 이 가족의 사연은 이미 구글 플랫폼을 통해 여러 매체가 소개하고 있었다. 이들이 쿠바로 돌아가고 싶지 않은 진짜 이유를 어찌 다 알 수 있을까. 그들은 쿠바를 떠나 수리남에 정착했었고, 쿠바가 아닌 외국에서의 삶을 선택한 경우다. 이후 예기치 않은 이러저러한 사정으로 지금의 처지에 놓이게 되었다는 사실이면 충분할 것이다. 어떻게 그들이 파나마 공항 게이트 147에 이르렀는지 깊게 들여다보고 가족사를 살피는 것이 이 글의 목적이 아니므로.

그들의 사연은 즉각 반反쿠바 언론매체를 통해 '솔깃한' 기사 제목을 달고 소개되었다. 그러나 동시에 이 언론을 이용한 쿠바 가족의 의도도 명백해 보인다. 서로의 이해관계가 절묘하게 맞아떨어진 경우다. 기사의 목적은 쿠바에서 여호와의 증인이 탄압받고 있다는 사실을 알리는 것이 아니라 전 세계 인터넷 플랫폼을 통해 공유되는 기사 제목이면 충분하다. '쿠바로 절대 돌아가고 싶지 않은 쿠바 가족의 운명'. 이 한 줄 기사를 통해 그들이 믿고 싶은 쿠바의 '처참한 현실'을 극적으로 소개하고 싶었을 것이다.

인터뷰에 응한 쿠바 가족의 이해관계도 명료해 보인다. 그들이 주장하는 정치적 탄압과 종교의 자유가 없다는 주장은 그들이 원하는 망명 신청이 받아들여지는 데 유리하게 작용할 테니 말이다. 미국 마이애미로 이주한 쿠바인은 그곳에서 가장 열렬한 '반反쿠바' 활동가가 되어야만 물질적 지원과 정착에 유리하다는 씁쓸한 이야기가 떠오르는 대목이다. 그래서 기사 제목을 바꾸어 보았다. '반反쿠바를 주장해야 유리한 쿠바인의 운명'. 기사 제목은 이래야 했다.

마지막으로 자본주의 경제의 착취구조는 노동자 계급은 물론 다수의 무산자 계층을 옭아매는 시스템으로 진화했고, '자유경쟁'이라 부르지만, 각자도생이 유일한 생존방식이다. '부익부 빈익빈'의 법칙과 가장 호혜성이 좋은 체제로서 빈곤과 부의 극단적 격차는 이제 천문학적 수치다. 결국 쿠바 사회주의가 지난 반세기 내내 미국 자본주의의 골칫거리인 이유는 그들의 방해와 경제봉쇄에도 불구하고 여전히 작동하는 사회 시스템이라는 점, 더 나아가 미국에서는 상상조차 할 수 없는 사회적 권리를 모든 쿠바 사람들이 누리고 있기 때문이다.

정이나

멕시코 과달라하라 아테마학데바예 국제통상 학사

스페인 살라망카 주립대학교 중남미 지역학 석사

스페인 살라망카 주립대학교 중남미 사회인류학 박사

부산외국어대학교 HK연구교수 역임, 고려대학교 HK연구교수 역임

저서로 『여성연구자, 선을넘다』, 『라틴아메리카, 세계화를 다시 묻다』, 『라틴아
메리카 명저 산책』 외 다수

"

분단 극복은 민족공동체의 온전하고 총체적인 생명성의 회복,
즉 '샬롬'을 성취하기 위한 필수적 과제이다. 이 과정은 분단의 상처를 간직한 채
상호적대적 관계를 심화시켜 가고 있는 민족공동체를 치유되고 화해된 생명공동체로
변화시키기 위한 정의와 평화 순례의 과정을 요청한다.

....

분단과 냉전은 하나님과 인간과 자연에 대한 범죄이다.
하나님과의 계약을 일방적으로 파기하는 전형적인 폭력이다.
따라서 분단과 냉전은 하나님이 원하는 한반도의 역사가 아니다.
하나님께서는 치유되고 화해된 한반도, 정의와 평화가 입 맞추는 한반도,
만물의 생명이 풍성함을 누리는 한반도를 원하신다.

"

분단된 한반도에서 평화의 길을 묻다

이홍정 한국기독교교회협의회KNCC 총무

존재론적 평화 만들기: 5·18 광주와 비무장지대

한국전쟁 이후 분단과 냉전의 세월이 흐르는 과정에서 나를 낳아 길러 주신 친부는 분단체제 아래에서 군사독재정권에 저항하는 야당 정치인으로 행동하다가 요절하셨다. 그 이후 만난 부친은 단독 월남하여 보수 개신교 목사로 활동하다가 끝내 반공주의를 극복하지 못한 채 한 많은 생을 마치셨다. 이 같은 사회사적 맥락 속에서 내 청년 시절은 최루탄 가스와 돌팔매와 화염병, 경찰의 불심검문과 백골단, 불온 문서와 운동가요, 퇴색한 낭만주의와 허무주의 등이 뒤섞이며, 남한사회와 교회 안에 내재한 분단과 냉전의 사회심리학이 가져온 마음의 장애를 안고 살아갈 수밖에 없었다.

1980년 서울의 봄은 한국현대사에 전환을 이루는 역사적 사건인 5·18 광주민주화운동으로 파국적 절정을 이루었다. 나는 당시 광주보병학교 상무대에서 ROTC 초급장교 교육을 받고 있었다. 유격훈련 2주 차 '도피 및 탈출' 훈련이 시작되는 시점에 광주민중항쟁에 참여한 시민군 소식이 전해졌고, 동복유격장에서부터 산악행군을 하며 상무대로 돌아오면서 숙영지에서 야간시가전을 목도하였다. 당시 상무대 연병장에는 소위 '폭도'들이 잡혀 와 원산폭격 자세를 하고 있었고, 내무반에 들어서자 시가전에 차출될지도 모른다는 소문이 돌았다. 그 소문을 듣는 순간 나는 어찌할 바를 모르고 화장실로 자리를 옮겨 꽤 오랜 침묵의 시간을 가졌다. 내게 다가온 문제는 시가전에 나갈지도 모른다는 불안감과 함께 만약 나갔을 때 누구를 향해 M16 총구를 겨눌 것인가라는 실존적 문제였다. 시민군을 향해 총구를 겨누자니 내 양심이 용납이 안 되고, 그렇다고 정부군을 향해 총구를 겨누자니 군인의 신분을 저버리는 행위가 되기 때문이었다. 오랜 시간 화장실에서 머물며 '하나님 내게 왜 이런 시련을 주십니까? 내가 누구를 행해 총구를 겨누어야 합니까?'라며 기도하는 가운데 내게 들려오는 작은 음성이 있었다. '사이에 서라. M16을 버리고 시민군과 정부군 사이에 서라. 하나님께서는 사이에 계신다!' 비록 시민 군과 정부군 사이에 서는 일이 내게 죽음이나 형벌을 가져올 수 있는 일이었음에도, 나는 비로소 마음에 깊은 평안을 얻을 수 있었다. 다행히 역사 속에 그런 일은 일어나지 않았지만, 그날 이후 그 마음의 사건은 나의 신앙과 실천을 안내하는 이정표가 되었다.

훗날 『채식주의자』로 맨부커상을 받은 소설가 한 강이 2014년에 발표한 소설 『소년이 온다』는 5·18 당시 내 '사치스러운' 고뇌의 이면에서 벌어진 살육의 현장 기억을 희생자의 시선과 언어로 재현하고 있다. 전남도청을 사수하던 그날 마지막 순간을 이렇게 묘사하고 있다.

그들이 희생자라고 생각했던 것은 내 오해였다. 그들은 희생자가 되기를 원하지 않았기 때문에 거기 남았다. 그 도시의 열흘을 생각하면, 죽음에 가까운 린치를 당하던 사람이 힘을 다해 눈을 뜨는 순간이 떠오른다. 입안에 가득 찬 피와 이빨 조각들을 뱉으며, 떠지지 않는 눈꺼풀을 밀어 올려 상대를 마주 보는 순간. 자신의 얼굴과 목소리를, 전생의 것 같은 존엄을 기억해내는 순간. 그 순간을 짓부수며 학살이 온다, 고문이 온다, 강제진압이 온다. 밀어붙인다, 짓이긴다, 쓸어버린다. 하지만 지금, 눈을 뜨고 있는 한, 응시하고 있는 한 끝끝내 우리는…….1)

5·18의 상처 속에는 죽음의 과정을 극복하고 새로운 생명을 회복하기 위한 투쟁의 여정과 이야기가 담겨 있다. 부활하신 예수 그리스도의 몸에 남겨진 상처는 세상이 아니오NO라고 선언하며 십자가 위에서 거짓이라는 오명을 씌워 살해한 그 진리를 향해, 하나님께서 예YES라고 선언하시며 그 처형당한 진리를 부활시키신 것을 거듭 상기시킨다. 상처는 진리를 향한 폭력과 살해가 역사의 끝이 아니라 더 근원적인 진리를 되살아오게 하는 절정인 것을 기억하고 학습하게 한다. 되살아 온 진리의 증거인 그 상처가, 치유되고 화해된 상처와 그 기억의 유산이 진리를

---

1) 한 강, 『소년이 온다』 (창비, 2014), 213쪽.

증언하며 우리를 정의와 평화로 이끈다. 상처는 폭력의 주체, 가해자가 있음을 고발한다. 한 강은 『소년이 온다』에서 죽은 이와의 대화를 통해 그날의 폭력을 서술한다.

그 과정에서 네가 이해할 수 없었던 한 가지 일은, 입관을 마친 뒤 약식으로 치르는 짧은 추도식에서 유족들이 애국가를 부른다는 것이었다. 관 위에 태극기를 반듯이 펴고 친친 끈으로 묶어놓는 것도 이상했다. 군인들이 죽인 사람들에게 왜 애국가를 불러주는 걸까. 왜 태극기로 관을 감싸는 걸까. 마치 나라가 그들을 죽인 게 아니라는 듯이.

조심스럽게 네가 물었을 때, 은숙 누나는 동그란 눈을 더 크게 뜨며 대답했다. 군인들이 반란을 일으킨 거잖아, 권력을 잡으려고. 너도 봤을 거 아냐. 한낮에 사람들을 때리고 찌르고, 그래도 안 되니까 총을 쐈잖아. 그렇게 하라고 그들이 명령한 거야. 그 사람들을 어떻게 나라라고 부를 수 있어.[2]

5·18 광주의 집단살해가 국가폭력인가? 아니다. 국가폭력이 아니다. 사실 그것은 국가가 될 수 있는 정당성을 상실한 군부권력집단, 주권재민의 민주적 가치를 짓밟고 민중을 향한 집단살해와 공포정치로 국가권력을 무력으로 찬탈한 집단에 의해 저질러진 권력 패거리의 폭력이다. 그들은 국가가 아니다.

5·18 광주는 우리에게 국가란 무엇인가라는 질문을 던지며 주권재민의 가치 위에 서서 민족공동체를 정의와 평화의 길로 인도하는 치유되고

---

2) 한 강, 같은 책, 17쪽.

화해된 상처가 되고 있다. 우리는 5·18 광주라는 치유되고 화해된 상처를 만지며 이 상처 속에 담겨 있는 기억을 관통할 때, 5·18 광주의 상처 속에 현존하시는 진리의 하나님, 생명의 하나님을 만나게 된다. 우리는 5·18 광주의 치유되고 화해된 상처를 통찰하며 진리에 대한 새로운 자각과 함께 정의와 평화가 입 맞추는 생명 세상, 민주와 인권, 화해와 평화통일의 새 세상을 열어 갈 수 있다. 5·18 광주의 상처는 우리를 진리로 인도하는 역사의 한길이다.

보리가 이삭을 패고 수확기에 접어드는 6월이 되면 광주보병학교 초급장교 훈련이 끝나고 부대 배치를 받게 된다. 대부분 초급장교의 소원은 편한 곳으로 배치받는 것이었지만 나의 기도는 좀 달랐다. '하나님, 제가 제대하면 신학대학교에 입학할 예정인데 신학에 입문하기 전에 세상에서 받는 마지막 훈련의 기회인 군대 생활이 나를 정금같이 단련할 기회가 되게 하여 주십시오.' 당시 상대적으로 '편하다'는 동해안경비사령부로 배치받은 나는, 마지막까지 홀로 남겨지다가 다음 날 끝내 비무장지대 통문GOP을 지키는 부대의 소대장으로 배치되었다. 몇 개월 후에는 다시 수색대 소대장으로 배치받아 비무장지대 초소GP 근무와 비무장지대 내 수색과 매복 근무를 수행하게 되었다. 기도가 응답한 것이다. 나는 그 첫날 금강산이 바라보이는 북동쪽 최전선에서 분단의 물리적 실체인 비무장지대 철책을 바라보며 오열하던 내 마음을 오래도록 기억하고 있다. 그 후 비무장지대 철책은 나의 기도 처소가 되었고, 나는 그곳에서 십자가에 달린 채 비무장지대를 남북으로 가로질러 누워계신 하나님, 사이에 계신 그 하나님을 다시 만났다.

비무장지대에서 보낸 2년의 세월은 분단이 가져온 생명 죽임의 이야기로 점철되어 있다. 군사분계선에서 수색 작전 중에 발생한 지뢰폭파사건과 그로 인해 파생된 군사분계선에서의 작전들, 무장간첩 침투사건, 월북사건, 화재사건, 대북방송 등 분단이 강제하는 생명 죽임의 사건들은, 그 속에 담긴 인간들의 존재론적 몸부림과 함께 이 땅의 젊은이에게 푸른 제복을 강요하는 시대의 아픔을 담고 있었다. 2015년 10월 금강산에서 개최된 남북종교인평화회의에 참가하기 위해 내가 복무하던 바로 그 비무장지대를 관통하면서, 나는 어머니의 자궁의 길을 빠져나오며 탄생을 위해 죽음을 경험하는 벌거숭이 적자와도 같은 존재, 생명 죽임의 분단과 생명 살림의 통일 그사이에 선 나의 존재를 깨달았다. 그 후 2019년 2월, 금강산에서 개최된 새해맞이 행사를 위해 다시 그 비무장지대를 통과하면서, 군 복무 시절 수색작전을 위해 비무장지대에 난 소로를 걸으며 통일이 되면 '북으로의 안내인' 역할을 하겠다고 다짐했던 일을 기억하였다. 나는 금강산에서 머물며 비무장지대가 세계생태평화공원으로 전환되는 꿈을 꾸었다.

한국교회의 동반자 조선그리스도교련맹

　내가 태어난 11월 9일, 1989년의 그날은 유럽 냉전체제에서 1961년에 세워진 베를린 장벽이 무너진 역사적인 날이다. 1990년 10월 3일에 독일은 통일되었고, 1991년 12월에는 구소련체제, 즉 '소비에트사회주의공화국연방'이 해체되고 '독립국가연합'Commonwealth of Independent States. CIS이 창설되었다. 1990년 가을 나는 '반유학파'적 사고를 조심스레 떨쳐내고, 변화된 세상을 '구경'하기 위해 영국 유학길에 올랐다. 영국 버밍엄대학교에서 학위를 마치고 동북아시아선교학연구소 소장으로 일하던 시절, 1996년에 독일 라이프치히에서 열린 독일교회의 날 행사에 참여하였다. 거기서 처음으로 북한의 조선그리스도교련맹 고故 강영섭 위원장을 비롯한 대표들을 만났다. 동서독 통일에 기폭제 역할을 한 라이프치히 성 니콜라스교회에서 드려진 남북공동기도회는, 그리스도인들의 기도와 평화 행동이 한반도의 평화의 문을 여는 신앙의 사건이 될 수 있음을 확인시켜 주었다. 라이프치히에서 만난 조선그리스도교련맹과의 인연은, 다음 해 1997년 헝가리 데보레첸에서 열린 세계개혁교회연맹 총회와 1998년 짐바브웨 하라레에서 열린 세계교회협의회 제8차 희년 총회로 이어지면서 지금까지 지속되고 있다.

해방기에 김일성 주석과 강량욱 목사의 주도로 1946년 11월 28일에 창립된 북조선기독교도련맹은 1974년에 조선기독교련맹으로, 1999년에는 조선그리스도교련맹으로 개칭되면서 명맥을 이어왔다. 김일성 주석의 모친으로 기독교 가정에서 태어나 칠골교회 교인이었던 강반석의 칠골 가계는, 백두혈통의 모계이자 북한 기독교 신앙의 가계이기도 하다. 강반석의 부친 강돈욱, 오빠 강진석, 재종숙(아버지의 육촌 형제) 강량욱은 장로교 목사였고, 그의 남편이며 김일성 주석의 부친인 김형직은 1926년 31세에 사망했다. 조선그리스도교련맹의 지도력은 칠골 가계에서 이어오고 있다. 초대 강량욱 위원장과 강량욱 사망 이후 공백을 메우며 강량욱의 차남 강영섭, 강영섭의 장남 강명철로 이어지고 있다. 사실 초대 위원장은 부흥사로 유명한 김익두 목사였으나, 북한 입장에서 볼 때 한국전쟁 직전에 행한 그의 배신 행각으로 인해 제거되었고, 조선그리스도교련맹 연혁에서도 그의 이름과 재임 기간이 삭제되었다.

강량욱은 1943년 3월에 평양 조선예수교장로회신학교를 38회로 졸업하고 1944년에 목사가 되었다. 재학 시에 장대현교회 전도사로 활동하였으며, 1972년 평양신학원 재건에 이바지하였다. 해방 후에는 북한인민회의서기장으로 김일성 주석을 자문하며 함께 조선민주주의인민공화국 건설에 매진하였으며, 1972년, 1977년, 1981년에 부주석에 연임되었다. 김일성 주석은 회고록에서 그를 참 스승으로 회고하였고, 그를 존경하여 '선생'이라고 불렀다. 강영섭은 루마니아 대사를 지낸 인물로 도잔소 평화프로세스에 적극적으로 참여하며 조선그리스도교련맹의 국제 활동을 확장하는 데 이바지하였다. 강명철은 칠골 가계에 새겨진 신앙 전통의 향기를 조금이나마 느끼며 자라난 마지막 세대로, 김일성종합대학교를 졸업하고 평양신학원에서 신학을 이수하였으며, 최고인민회의 상임위원으로 활동하고 있다.

남한 자본주의 체제에 속한 교회 입장에서 조선그리스도교련맹을 어떻게 볼 것인가라는 과제가 우리에게 남아 있다. 우리는 북한의 조선종교인협의회에 소속된 개신교, 천주교, 불교, 천도교 대표들이 모두 최고인민회의 상임위원회 위원이라는 사실 속에서 북한에서 종교와 정치에 대한 이해의 일단을 살펴볼 수 있다. 그들에게 정치는 신성하고 거룩한 행위로, 그들은 '가장 정치적인 것이 가장 거룩하다'라고 믿고 있기에, '종교가 거룩한 영역이 되려면 정치적이어야 한다'라는 논리가 성립한다. 그래서 지극히 정치화되어 있음에도 불구하고 정교분리의 논리에 익숙한 남한의 교회에서 기대하는 북한의 교회와 비정치적인 '순수한 종교적 교류' 혹은 '종교 교류의 비정치화'는 불가능하다. 이런 관점에서 조선그리스도교련맹의 최대 과제는 민족통일이요, 이것은 신앙과 정치가 통전적으로 결합한 목표로, 남한 교회의 최대 목표인 복음화와 깊은 상관관계 속에 있다.

한반도 평화와 한국교회의 현실

기독교 선교의 관점에서 볼 때, 우리 민족에게 있어서 분단은 사회학적 '원죄'로 민족공동체의 생명을 절망의 한계상황으로 몰아넣었다. 한국전쟁 이후 분단구조는 고착화되었고, 우리 민족은 분단체제의 사슬에 묶인 채 냉전의 사회학을 형성하며 분단이 가져온 총체적 소외현상을 내재화해 왔다. 따라서 분단 극복은 민족공동체의 온전하고 총체적인 생명성의 회복, 즉 '샬롬'을 성취하기 위한 필수적 과제이다. 이 과정은 분단의 상처를 간직한 채 상호적대적 관계를 심화시켜 가고 있는 민족공동체를 치유되고 화해된 생명공동체로 변화시키기 위한 정의와 평화 순례의 과정을 요청한다. 따라서 민족복음화의 과제와 민족평화통일의 과제는 동전의 양면과도 같이 상호 불가분리의 관계 속에서 서로를 완성해 나간다. 북한선교는 민족복음화와 더불어 그 과정에 한반도 평화와 통일의 과제를 내포하는 본질적 특성이 있다. 한반도 평화통일의 과정에 복음화의 노력이 내포되고 복음화의 과정에 평화통일을 위한 발걸음이 진행된다.

한반도에 분단체제가 고착화되어가는 과정을 따라 한국교회의 지형도는 극적으로 변모됐다. 북한에 있던 교회들이 기독교의 반공주의와 북한 사회주의체제의 반기독교정책에 의해 대거 월남하면서 북한에 교회 공백 상태가 생겨났다. 지금은 조선그리스도교련맹이 조선민주주의인민공화국 노동당 통일선전부 산하 기관으로 그 맥을 이어가고 있다. 현재 북한교회의 상황 역시 북한 정부가 공식적으로 허락한 조선그리스도교련맹과 이에 속한 공식 교회와 소수의 가정교회 외에는 여전히 '지하교회'에 대한 미확인 정보들이 부정적인 소식으로 전해지고 있다. 북한 기독교의 이 같은 실상은 중국교회나 동독교회의 역사적 경험과 완연히 다른 것으로, 민족공동체의 치유와 화해, 평화통일의 길을 열어가는 과정에 있어야 할 교회의 순기능적 역할을 구조적으로 제한하고 있다.

이에 반해 월남한 기독교인은 생존을 위한 투쟁과 신앙적 열심을 결합하면서 생래적生來的 반공주의에 기초한 교회공동체를 형성하였고, 이는 남한 교회의 신학적 성장 과정에 결정적으로 영향을 미쳤다. 남한의 교회는 대부분 자본주의 성장과 그 궤를 같이하며, 반공을 국시로 하는 국가체제안보와 친미동맹을 기조로 하는 대외정책을 지지하는 종교사회결사체로 발전되었다. 북한 사회 개혁 시기에 월남한 지주 집안 출신의 청년 개신교 세력이 주체가 되어 결성한 극우반공단체인 서북청년단이 제주 4·3사건에서 보인 예처럼, 분단과 냉전의 상황에서 전개한 국가

폭력을 반공 신학의 관점에서 정당화하며 선봉에 서서 참여하는 적극적인 모습을 보이기도 하였다. 대부분 남한 교회의 북한선교에 대한 논의는 국가 이데올로기와 체제수호라는 권력의 장벽을 넘어서지 못하고 있다. 소위 멸공북진통일이나 자본주의 체제로 흡수통일을 하는 범주에 속하는 '묵시론적' 역사 전개의 담론을 내포한 것으로, 그 담론자체가 화해의 복음 정신과 평화 신학에 대립하는 인식이다. 민족공동체의 치유와 화해, 평화통일이라는 선교 실천적 관점에서 볼 때, 남한의 교회는 그 자체 안에 냉전 의식에 기초한 분단구조를 첨예하게 내재화하고 있는 제약을 지니고 있다.

분단체제의 구조적 모순과 깊은 연관성 속에서 성장해온 남한의 교회가 민족공동체의 치유와 화해, 평화통일을 자신들 선교의 과제로 수행하려고 할 때 직면하는 가장 큰 어려움은 교회 안에 깊이 내재한 냉전 의식이다. 반공 신학의 기조 위에서 북한선교를 이해하는 교회들은, 암묵적으로 북한 체제의 전복을 전제로 한 북한교회의 회복과 재건을 선교의 목표로 세우고 있다. 반면에 평화 신학에 기초하여 북한선교를 이해하는 교회들은, 남북 간에 형성된 갈등을 해소하기 위해 남북교류의 활성화와 정전협정을 평화협정으로 전환하여 평화 체제를 정착시키는 것을 선교의 우선 목표로 설정하고 있다. 전자의 경우는 조선그리스도교련맹을 북한 정부의 어용 종교단체로 규정하고 지하교회의 실체를 인정하고 이들과 접촉하면서, 북한의 인권실태를 고발하고 개선을 촉구하며 탈북자를 돕는 난민선교에 적극적으로 참여한다. 반면에 후자의 경우는 조선그리스도교련맹을 상대로 남북교회의 교류와 사회봉사 선교의 실천을 구상하는 동시에, 평화통일을 위한 지정학적 환경을 개선하기 위해 국제적 연대를 강화하는 선교에 참여하고 있다. 전자는 후자를 '종북세력'으로 규정하고 후자는 전자를 한반도에 전쟁을 일으키는 극우반공세력으로 폄훼한다.

따라서 민족공동체를 치유와 화해, 평화통일의 길로 이끌기 위해 한국교회의 내부 개혁은 필수적 선교과제이다. 그리스도인들이 이념과 정치를 앞세워 냉전논리에 편승하였고, 민족분단과 고통을 외면하고 용서와 화해의 정신으로 살아오지 못하였다. 평화의 사도로서 사명을 감당하지 못한 채, 지역 간, 계층 간 갈등 속에 화해와 협력을 실천하지 못하였다. 특정 이데올로기에 의한 통일을 외치고, 적대적 경쟁과 대결 논리로 대립하고, 때로는 침묵하며 분단을 고착시킨 죄를 범하였다. 이 같은 우리의 죄책罪責 고백이 자주평화통일의 미래를 향한 구체적 헌신의 결단으로 전환되어야 한다.

세계교회와 함께하는 한반도 평화프로세스

1984년을 기점으로 삼는 도잔소 프로세스Tozanso Process는 그 이전에 반공을 국시로 내세운 군사독재정권의 반민주·반통일 노선 아래서 평화의 싹조차 낼 수 없었던 폭압적 시대에, 해외 거주 그리스도인이 통일운동의 물꼬를 낸 것과 상관있다. 1979년 서독에 거주하던 그리스도인(김순환, 이영빈, 이화선)이 조직한 조국통일해외기독자회는 문익환 목사보다도 먼저 북을 방문하여 금단의 벽을 허물었고, 통일운동의 선구적 역할을 하였다. 이들은 1981년에 북한을 방문하여 조선기독교도련맹 고기준 목사와 조국평화통일위원회 여연구 등과 협의하여, 그해 11월에 오스트리아의 비엔나에서 '제1차 조국통일을 위한 해외동포 기독자대회'를 개최하였다. 북한에서는 전금철, 허정숙, 고기준 등 30여 명이 참석하였고, 「로동신문」은 이 대회를 "민족의 화해와 단결, 조국 통일을 위한 첫 역사적인 회합"이라고 보도하였다. 1982년 핀란드 헬싱키에서 열린 2차 대회에는 북한 최고인민회의 양형섭 의장이 참석하므로 대회가 지니는 중요성이 부각되었다.

'선先민주 후後통일' 노선을 걸었던 한국기독교교회협의회는 5·18 광주민주화운동 이후 한반도에서 민주와 통일은 동전의 양면과도 같이 상호 불가분리 관계를 하고 있다는 사실을 깊이 자각하였다. 1981년 6월 서울에서 열린 제4차 '한·독 교회협의회'는 분단국에서 교회의 과제는 평화통일임을 명백히 밝혔다. 이를 수행하기 위한 기구를 한국기독교교회협의회에 두기로 결의하였고, 다음 해에 '통일문제연구위원회'가 조직되어 활동에 들어갔다. 한국기독교교회협의회 1985년 제34차 총회에서 채택한 '한국교회 평화통일선언'에서 분단 고착화 과정을 묵인하고 동조했던 한국교회의 죄책을 고백하면서, 통일 논의는 정권의 전유물이 아니며 교회는 통일운동에 참여할 자유, 의무, 권리가 있음을 밝혔다. 이 선언은 민중 주체의 평화통일, 이산가족 상봉, 적대감 극복을 위한 평화교육, 민족분단에 대한 회개와 교회의 주체적 참여를 강조하였다.

3년 후 1988년 2월 29일 연동교회에서 열린 한국기독교교회협의회

제37차 총회는 한국교회와 사회의 통일운동에 이정표가 된 '민족의 통일과 평화에 관한 한국교회 선언', 이른바 '88선언'을 만장일치로 채택하였다. '88선언'은 정부가 독점하던 통일 의제를 민간의제로 만들어 낸 최초의 본격적인 통일선언이다. 이 선언에 담긴 한반도 통일에 관한 5대 원칙, 즉 자주, 평화, 민족대단결, 인도주의, 민중 참여의 원칙은 한국 사회의 통일 논의를 추동시키며, 정부의 통일·외교 정책의 기본 방향에도 영향을 미쳤다. 1988년 '7·7 특별 선언', 1991년 12월 남북 사이의 화해와 불가침 및 교류 협력에 관한 '기본 합의서', 1992년 1월 '한반도 비핵화 공동선언' 등에 나타난 정책 기조는, '88선언'이 제시한 5대 원칙의 기조를 적극적으로 수용하고 있다. '88선언'에 대해 한국교회 보수 교단 지도자들은 이 선언이 담고 있는 분단에 대한 교회의 죄책罪責 고백과 평화 정착 이후 미군 철수 주장을 수용하기 어려웠다. 이들에게 회개는 북한이 해야 하며, 평화협정 체결, 핵무기 철거, 미군 철수, 유엔사령부 해체 등 통일의 전제들은 북한의 대남 적화 논리를 따르는 것이라고 주장했다. 한국교회의 친미반공정치학이 화해를 위한 죄책罪責 고백의 영성과 평화에 이르는 길을 가로막고 나선 것이다.

한국기독교교회협의회가 이와 같이 통일운동의 획기적인 돌파구를 마련한 배경에는 세계교회협의회WCC의 주선으로 1984년 10월 29일부터 11월 2일까지 일본 고텐바시의 YMCA 수련관인 동산장東山莊, 도잔소에서 개최된 '동북아시아 평화와 정의에 관한 국제협의회'의 기여가 크다. 이들은 한반도 분단 문제를 동북아시아의 평화라는 관점에서 논하므로 한반도 평화통일 의제를 세계화했다. 비록 초청받은 북한 대표들이 참석하지는 못했지만, 세계교회와 함께 한반도의 평화와 통일을 위해 노력하겠다는 서한을 전달하였다. 이 회의를 계기로 1985년부터 1989년까지 세계교회협의회WCC국제관계위원회는 미국을 향한 민간외교를 진행하면서 성명서를 발표하였고, 세계교회협의회WCC와 미국, 캐나다, 일본교회의 대표들이 북한을 방문하고 그 소식을 남한의 교회와 함께 나누었다.

1985년 11월 세계교회협의회WCC국제관계위원회 대표들은 방북 후 보고를 통해, 북한에 약 만 명의 그리스도인이 있으며, 북한 정부가 남한 교회의 인도주의적 활동을 기대한다는 소식을 전하였다. 이것을 계기로 한국교회는 진보 보수의 경계를 넘어 인도적 대북지원사업과 교류에 참여하기 시작하였다. 1986년 11월에 미국교회협의회는 한반도 평화와 통일에 관한 성명을 발표하면서 한반도 분단에 대한 미국의 죄책罪責을 고백하였다. 1987년 5월에는 일본기독교교회협의회 대표들이 방북을 즈음하여 발표한 성명을 통해 일본의 한반도 강점에 대해 참회하며 죄책罪責을 고백하였다.

초기 '도잔소 프로세스'는 세계교회협의회WCC국제위원회의 주도 아래 스위스 글리온회의를 중심으로 전개되었다. 1986년 9월에 스위스에서 모인 제1차 글리온회의에서 남과 북의 교회 대표들은 성만찬을 함께 나누며 분단 이후 첫 만남을 감동 속에 경험하였다. 1988년 11월, 2차 글리온회의에서는 '남북공동선언문'을 통해 매년 남북공동기도문을 작성하여 8·15해방 기념 직전 주일에 함께 기도하기로 결의하였다. 1989년 7월에 모스크바에서 열린 세계교회협의회WCC중앙위원회에서는 '한반도의 평화와 통일을 위한 정책에 관한 성명서'를 채택하였다. 1990년 12월 제3차 글리온회의에서는 '88선언'에서 희년으로 선포한 1995년을 앞두고 '희년 5개년 공동작업' 계획을 마련하고, 남북교회의 만남을 한반도에서 개최하기로 협의하였다. 1989년 베를린 장벽이 무너지고 구소련체제가 붕괴하면서 1991년 남북한 유엔 동시 가입이 이루어졌으나, 그 후 북한 핵 관련 북미 제네바 합의가 파기되고 김일성 주석이 사망함으로 한국 정부는 북한의 붕괴를 통한 흡수통일의 기조를 유지하였다.

이후 1990년대에는 일본의 동경과 오사카를 중심으로 남북교회의 대표들이 만남을 지속하였고, 세계교회협의회WCC를 중심으로 독일교회, 미국교회 등이 다양한 국제회의를 통하여 남과 북 교회의 만남을 주선하였다. 2014년 6월 스위스 보세이에서 개최된 도잔소 프로세스 30주년을 기념하는 국제세미나에 강영섭 위원장 타계 이후 조선그리스도교련맹의 위원장 지위를 이어받은 강명철 위원장이 처음 국제회의에 참여하였다. 그는 그해 8월에 한국기독교교회협의회 대표들을 평양으로 초청하였고, 칠골교회 내에 사회선교센터 건립 방안을 논의하였다.

도잔소 프로세스의 중요한 열매 중의 하나인 한반도에큐메니칼포럼 EFK. Ecumenical Forum for Korea은 한반도 평화와 화해, 상생을 위한 에큐메니칼 연대의 확산과 북한의 대안적 사회개발을 위한 에큐메니칼 자원 나눔을 하려는 세계교회협의회를 중심으로 한 공동의 에큐메니칼 플랫폼이다. 2006년 서울에서 발의되고, 그해 홍콩에서 준비 회의를 가진 후, 2008년 독일에서 조선그리스도교련맹의 참여로 최종 합의된 한반도에큐메니칼포럼EFK은 도잔소 정신의 계승과 실천을 주제로 하고 북한 사회개발을 부제로 하자는 조선그리스도교련맹의 주장을 수용하면서 한반도평화프로세스에 적극적으로 참여하고 있다. 세계교회협의회WCC국제관계위원회 국장을 의장으로 한국기독교교회협의회와 조선그리스도교련맹이 주체가 되어 세계교회와 기구들의 동행과 참여를 이끄는 기구인 한반도에큐메니칼포럼EFK은 서로의 다름을 수용하고 축복하며 대화와 협력으로 신뢰를 쌓으며 하나님의 은총을 나누는 연대의 장이다. 연대 없이 선교는 없고, 하나님께서 이 땅에 가난한 사람들에게 약속하신 하나님의 나라에 대한 지식을 나누지 않는 기독교 연대는 없다.

세계교회협의회WCC 창립 70주년 중앙위원회와 한반도에큐메니칼포럼EFK

2018년 6월에 개최한 세계교회협의회WCC 창립 70주년을 기념하는 중앙위원회와 한반도에큐메니칼포럼EFK회의에서 판문점 공동선언 이후 남과 북의 교회가 첫 만남이 있었다. 판문점 공동선언 이후 첫 만남이었기에 정치적 이견 없이 그리스도인으로서 남과 북이 대화할 수 있었다. 2018년 제네바에서 열린 이 만남이 중요한 것은 세계교회협의회WCC의 도움을 받아 남북 간 교류의 물꼬를 터온 '도잔소 프로세스'를 '판문점 프로세스'로 명칭을 바꾸고, 이제는 남북교회가 자주적이며 선도적으로 동북아 및 세계 평화를 이끄는 위치에 섰다는 점이다. 나는 강명철 위원장과 함께 세계교회협의회WCC중앙위원회와 CCIA국제문제위원회의 특별한 배려로 마련된 패널에서 인사하면서, 강량욱, 강영섭, 강명철로 이어지는 칠골 가계 3대가 조선그리스도교련맹 지도자로 분단과 냉전의 고난을 극복하며 북한에 그리스도교를 계승해 온 데 대해 감사를 표하였다. 세계교회협의회WCC 창립 70주년을 축하하기 위해 참여한 로마 가톨릭교회의 프란치스코 교황과 세계정교회의 바르톨로메오스 에큐메니칼 총대주교는 남과 북의 교회들과 악수의 의례를 행하며 환대하였다. 프란치스코 교황과 한국을 네 차례나 방문한 바르톨로메오스 총대주교는 한반도 평화에 대한 지극한 관심을 표명한 동시에 북한 방문에 대한 의지도 피력하였다.

나는 당시 강 위원장과의 대화에서, 이제 한반도에 냉전 시대가 끝나고 평화공존 시대가 도래하면, 조선그리스도교련맹이 해왔던 정치적 역할을 넘어서 함께 교회적 관심을 발전시켜 나가는 것이 중요하다고 말하였다. 앞으로 '판문점 프로세스'가 진행되는 과정에서 남과 북의 교회가 함께 변화되어야 하는데, 먼저 남과 북의 교회 안에 깊게 내재한 냉전의식이 평화 의식으로 바뀌고, 내면화한 냉전 프레임을 벗어나 그리스도를 따르는 하나의 공교회로서 기독교의 미래를 함께 만들어 갔으면 좋겠다는 의견을 피력하였다. 특별히 조선그리스도교련맹이 평화공존 시대에 북한 사회주의 체제에서 어떤 기독교의 미래를 구상할 것인가에 관심을 두고 노력하므로, 한반도에서 하나의 공교회가 형성되기를 희망하였다. 남과 북의 이질성을 하나의 획일화된 동질성으로 만들기보다는, 상호 변혁의 자리에서 어떻게 조화를 이루며 제3의 길을 열 수 있을까가 남과 북 그리스도인의 과제가 되어야 한다는 의견을 나눴다.

남북한 교회 대표들은 세계교회협의회WCC중앙위원회 개최에 앞서 보세이에서 열린 축하연에서 함께 손을 잡고 찬송가 '내 주를 가까이 하게 함은'과 '아리랑'을 불러 세계교회 대표에게 감동을 줬다. 내가 전날 조선그리스도교련맹 인사들을 만났을 때, 강명철 위원장이 영어 고어古語로 '내 주를 가까이 하게 함은'을 부르는 것을 보고 감동하여, 다음 날 축하연에서도 불러달라고 부탁했는데 당일 직접 피아노를 치며 불러서 많은 감동을 불러일으켰다. 그는 평소에 점심 식사 이후 한두 시간 피아노를 치며 찬송가를 부른다고 하였다. 그의 모친 송석정 여사는 피아노를 전공한 음악교수였다. 비록 한반도평화프로세스가 좌절을 경험하고 있지만, 그날 강명철 위원장과 나눈 대화는 우리가 공동의 과제로 안고 씨름해야 할 신성하고 거룩한 선교적이며 정치적인 과제였다.

자주적 평화공존 시대에 남한 기독교는 북한식 사회주의 체제하에서 기독교의 존재 방식인 조선그리스도교련맹의 지위와 역할에 대해 충분하세 이해하고 소통과 교류 협력의 방안을 마련해야 한다. 북한에 교파주의를 초월한 하나의 거룩하고 사도적인 공교회를 건설하는 일에 힘써야 한다. 남한 기독교가 작동하는 방식인 개 교회 및 교파 중심주의 소통방식을 극복하고 남북교회 교류를 위한 하나의 소통 질서를 만들어 나가야 한다. 조선그리스도교련맹과 동역하며 지난 30년을 동고동락해 온 한국기독교교회협의회는 복음주의권 교단과 대북 사역기관을 포괄하는 '한국교회남북교류협력단'을 보다 견고하게 구성하고, 교류 협력을 위한 공적 통로를 작동해야 한다. 이를 통해 전환기에 한반도 화해통일선교는 평화와 공영, 화해와 통일을 위한 제반 환경조성에 힘써야 한다. 특별히 남과 북 그리스도인의 상호 교류와 협력을 증진해야 한다. 조선그리스도 교련맹의 지속 가능한 성장과 발전을 위한 행동계획을 세우고 이를 실천 하면서, 북한 인민대중의 사회경제적 생명을 풍요롭게 하는 사회개발과 봉사 사역을 효과적으로 전개할 수 있어야 한다.

2018년 9월 평양정상회담

나는 2018년 9월 18일부터 20일까지 평양에서 개최한 남북정상회담 에 개신교계를 대표하는 특별수행원으로 참여하면서 평양과 삼지연과 백두산 천지에서 새로 태어나는 한반도를 꿈꾸었다. 일제 강점과 분단·냉 전의 역사를 관통하며 고난 속에 농익은 꿈, 온전한 해방과 적극적 평화를 이루는 꿈이었다. 그 꿈은 동족상잔의 한국전쟁이 남긴 상처와 원한을 치유하고 화해하는 꿈, 분단과 냉전의 세월이 만들어 낸 민족공동체의 이질성을 조화로 극복하며 '제3의 길'을 찾아가는 꿈이었다. 그 꿈은 대륙 세력과 해양 세력의 각축장이 된 채 전쟁의 위기를 일상으로 여기며 살아온 한반도에 종전을 선언하고, 한라와 백두에 이르기까지 비무장지 대를 확장하는 꿈이었다. 그 꿈은 '우리 민족끼리'라는 자주성의 토대 위에 판문점-샌프란시스코 체제를 대체하는 동북아시아 다자多子 간 평 화 안보 체제를 구축하는 꿈, 미래의 일곱 세대가 동북아시아 공동체

건설의 새 길을 열어가는 꿈이었다. 그 꿈은 한반도 주민들의 대화와 만남의 의지가 분단 정권과 강대국의 정치적 이해관계에 의해 좌절되지 않는 일상의 평화를 실현하는 꿈이요, '한반도민'들이 사회적 연대를 실천하며 공동의 평화를 만들어 가는 꿈이었다.

나는 그 꿈이 이루어지고 있다는 것을 먼저 북한 사회의 변화를 통해 직관적으로 느낄 수 있었다. 북한의 사회체제는 화석화된 부동의 체제가 아니라 역사의 흐름에 따라 새롭게 응답하며 변화를 추구하는 유동적이며 유기적인 체제이다. 사회주의 정상 국가의 수도로 한국전쟁의 폐허를 딛고 대동강을 품에 안으며 기획된 건축 도시 평양은 직선과 곡선의 조화를 이루며 다양성을 추구하고 있었다. 평양의 '두뇌'라는 김일성광장과 평양의 '심장'이라는 옛 장대현, 만수대 언덕은 주체적 사회주의 정체성을 강조한 주체탑거리와 새롭게 조성된 미래과학자거리, 여명거리, 창광거리, 창전거리, 청춘거리 등과 조화를 이루며 나가고 있었다. 또한 이 유기체적 시공을 중심으로 펼쳐지는 평양 주민의 활기찬 '일상'은 대규모 환영 인파와 집체공연에서 나타난 '동원'과 나름의 조화를 이루며 공존하고 있었다.

9월 19일에 방문한 만경대학생소년궁전과 교원대학에서 연마되고 있는 문화예술 및 과학기술교육의 토대와 기능은 다양한 미술 분야의 실기를 통해 사회주의 사실주의 예술을 꽃피우는 만수대창작소와 조화를 이루고 있었다. 북한은 자기 땅에 발을 붙이고 눈은 세계를 보며, 과학으로 비약하고 교육으로 미래를 담보하기 위해 선진교육에 투자하므로 사회주의 강성대국의 토대를 구축하고 있었다. 문수물놀이장과 릉라곱

등어관 등으로 대변되는 평양 시민의 놀이문화는 평양대극장의 공연문화와 조화를 이루고 있었고, 환영 만찬을 베푼 목란관의 북한식 정통 한정식과 9·19 평양공동선언문 발표 이후 환영오찬을 베푼 옥류관의 냉면정식은 최근 문을 연 평양대동강수산물식당의 해산물 음식과 조화를 이루며 평양 주민의 삶을 다채롭게 엮어가고 있었다. 평양산원과 옥류아동병원에서 평양애육원(유치원과 유아원)과 평양양로원으로 이어지는 사회복지체계는 일종의 사회주의 복지시스템의 표본으로 자리를 잡아가고 있었다. 다만 오랜 대북 경제제재로 인해 경제개발구계획에 진보를 이루지 못하는 상황에서, 북한 사회주의 체제의 수도가 갖는 차별성 기획으로 인해 서해 항로와 삼지연에서 평양을 오가며 바라본 북녘땅에 평양은 여전히 절대 유일의 도시로 남아 있었다.

9월 18일 정상회담이 진행되는 시간에 특별수행원은 정계, 경제계, 시민사회계로 나뉘어 별도의 부문별 대화 시간을 가졌다. 개신교를 대표하여 참여한 필자가 속한 시민사회계에는 천주교의 김희중 대주교, 불교의 원택 스님, 원불교의 한은숙 교정원장이 종교계를 대표하여 문화예술계, 체육계, 민화협 등을 대표하는 인사들과 함께 참여하였다. 북측에는 김영대 민족화해협의회 의장을 필두로 조선종교인협의회 강지영 회장 등이 참여하여 사회문화교류 전반에 대한 의견을 교환하였다. 나는 1988년 한국기독교교회협의회가 발표한 '민족의 통일과 평화에 관한 한국기독교회 선언'(소위 '88선언')에 나타난 통일 5대 원칙 중 '민의 참여' 원칙을 소개하며, 민간교류가 분단 정권과 강대국의 이해관계에 의해 좌지우지되지 않도록 상시화되어야 하고 이를 위한 법제화가 필요하다고 역설하였다. 북측은 김영대 민화협 의장의 모두 발언과 강지영 회장의 추가 발언을 통해 한반도 평화프로세스가 '우리 민족끼리' 정신을 기반으로 추진되어야 함을 강조하였다. 한반도 평화는 냉전 식민주의의 극복이 이루어져야 가능하다. 이는 '우리 민족끼리'가 지향하는 '열린' 자주성을 토대로 일제와 분단식민주의의 근대성을 극복하면서 한반도 주변 동북아시아 강대국들이 평화의 길로 나가도록 설득해나갈 때 가능하다. 지속 가능한 평화 구축을 위해 자주적 민民의 토대를 강화해 분단체제가 재생산되는 악순환의 고리를 끊어내기 위해, 먼저 우리 마음의 식민성인 분단과 냉전 의식을 화해와 평화 의식으로 바꾸어 나가야 한다.

2018년 9월 평양 방문에서 나타난 무엇보다 중요한 변화의 조짐은 김정은 위원장이 보여준 리더십의 표현 양식에서 나타났다. 자국의 부족함과 초라함을 솔직한 언어로 인정할 뿐만 아니라 인민대중 앞에 고개를 숙여 인사하며 15만 평양 주민 앞에 문재인 대통령을 직접 소개하고 연설하게 한 김정은 위원장의 리더십은 이미 '극장국가'의 절대 유일한 패권자의 자기 연출 방식은 아니었다. 9월 18일 환영 만찬에서 소개한 남측 마술사 최현우 씨의 텔레파시를 주제로 한 마술에 호응하는 김정은 위원장과 리설주 여사의 모습은 일상의 놀이를 함께하는 지도자의 인민성과 소통의 역량을 드러내고 있었다. 나는 북한 수뇌부와 나눈 짧은 대화 속에서도 이런 상호 존중의 태도를 볼 수 있었다. 당시 김영철 조선로동당 통일전선부 부장, 이선권 조국평화통일위원회 위원장, 김영대 민족화해협의회 의장, 김여정 조선노동당 중앙위원회 부부장, 김일성 가문의 집사 김창선 비서실장 등을 만나 조선그리스도교련맹과 한국기독교교회협의회가 세계교회와 더불어 어떻게 한반도 평화프로세스에 기여했는가를 설명하며 조선그리스도교련맹에 대한 지지를 부탁했을 때, 그들이 보여준 수용성은 북한 사회에서 종교의 사회적 순기능을 강화해 나가는 것이 얼마나 중요한 것인가를 깨닫게 하였다. 화해와 협력을 기반으로 이루어질 상생과 공영의 평화공존 시대에 북한 사회주의 체제 속 기독교가 '인민의 아편'이요 '미제의 앞잡이'라는 정통 마르크스주의의 이데올로기적 비판을 극복하고, 인민의 사회정치적·경제적 생명을 풍요롭게 하는 새로운 기독교로 변화, 발전될 때 비로소 그 지속 가능성은 담보될 수 있을 것이다.

평양 남북정상회담 기간 내내 김정은 위원장과 북한 수뇌부는 비핵화를 포함한 항구적 한반도 평화에 대한 의지를 거듭 확인시켜 주었다. 김정은 위원장이 주도하는 사회주의 강국 건설정책은 북한식 사회주의 체제 구축에 중점을 둔 김일성 주석과 선군정치로 체제 안정에 집중한 김정일 국방위원장이 추진한 사회주의 경제건설과의 병진노선과는 결을 달리하고 있었다. 2017년 김정은 위원장은 핵무기 개발 완성을 공표한 후, 2018년 신년사와 4월 조선노동당 중앙위원회 제7기 3차 전원회의를 통해 사회주의 경제건설 총력화로의 이행을 강조하였다. "인민에게 쌀밥을 먹이고 싶다"라는 김일성 주석의 유훈 실현이 새로운 계기를 맞고 있는 것이다. 김정은 위원장은 미국으로부터 정권 안정과 평화체제를 보장받으면서 사회주의 경제건설에 전념하기 위해 '미래 핵'을 선제적으로 포기하는 전략적 평화 의지를 보여주었다. 당시에는 제2차 북미정상회담을 통해 종전선언과 대북제재 완화, 남북 및 세계경협과 평화협정 체결 등 일련의 상응 조치가 취해지는 가운데 '현재 핵'에 대한 비핵화 과정이 진행될 것을 기대할 수 있었다. 5.1경기장에서 행한 핵 없는 한반도에 대한 문재인 대통령의 연설에 대해 15만 평양 주민은 진심으로 환호하며 응답하였다. 김일성 주석의 한반도 비핵화 유훈이 북한 주민의 마음에 깊이 되새겨지고 있었다.

9월 19일 옥류관 환영오찬 시 평양공동선언문을 받아 정독하면서 필자는 한반도 평화프로세스가 불가역적 시간의 강을 건너고 있음을 직감하였다. 한반도에 실사구시를 이루는 평화의 염원은 6·15 공동선언, 10·4 공동선언에 이어 4·27 판문점공동선언을 통해 결실을 보았다. 이번 9·19 평양공동선언은 판문점공동선언의 이행을 위한 실천적 합의서이다. 평양선언에 담긴 군사적 긴장 완화 조치는 사실상 종전선언이며, '미래 핵' 포기를 위한 선제적 제안은 한반도 비핵화의 실질적 선언이었다. 또 개성공단과 금강산사업의 재개와 이산가족 상봉의 상시화는 전면적 남북교류의 신호탄이었다. 그리고 조선민주주의인민공화국 건국 70주년 기념작 '빛나는 조국'을 재구성하여 연출한 5.1경기장 집단체조공연과 문재인 대통령의 연설은 '평화, 새로운 미래'를 향한 한반도 새역사 만들기의 출범식이었다. 나는 당시에 미국이 강대국의 오만에서 비롯된 일방주의로 상호신뢰를 무너뜨리지 않고 상호주의에 입각한 평화프로세스를 이루어 간다면 한반도 평화의 시곗바늘은 결코 판문점선언 이후로 되돌아가지 않을 것이라고 확신하였다.

9월 20일 삼지연과 백두산 천지 방문은 '한라에서 백두까지'라는 구호가 담고 있는 전 민족적 염원이 실제로 이루어지는 감동적인 역사의 시공이었다. 그것은 우리가 이루어내야 할 새로운 한반도의 예표豫表였다. 다시 한번 완전하고 가시적이며 불가역적인 한반도 평화를 이끄시는 하나님의 발길이 돌아오지 않는 시간의 강을 건너는 것을 보았다. 천지를 오르내리는 길목에 남북 두 정상 일행과 만나 가수 알리의 열창과 함께 펼친 '진도아리랑'의 난장亂場은 평화와 공영의 '아라리'가 난 한반도를 상상하게 하였다. '아라리'는 전통사회의 피지배 계급인 향촌 민중의 노래요, 여성적 해방의 정서가 강하게 작동하는 노래이다. 그날이 오면 한라에서 백두까지 평화의 아리랑, '아라리' 난장이 펼쳐지리라. 그날이 오기까지 수난당하는 민중의 모성을 동력으로 '한반도민' 모두가 하나가 되어, 천지와 백록담의 물을 합친 그 새로운 조화의 물에 붓을 적셔 '평화, 새로운 미래'를 향한 새 역사를 함께 써나가야 한다.

2018년 9월 평양 남북정상회담 기간 내내 나의 기다림은 조선그리스도교련맹 강명철 위원장을 향해 있었다. 그해 6월 세계교회협의회 중앙위원회와 한반도에큐메니칼포럼에서 만난 조선종교인협의회 리혁철 선생과 정상회담 내내 동행하며 강명철 위원장과의 만남을 기대했지만 '북남수뇌회담 목표에 복종'해 줄 것을 요청받았다. 세계교회협의회 공동의장 자격으로 이번 방북단에 참가한 장상 박사와 함께 옥류관 오찬 석상에서 김영철 통전부 부장에게 강명철 위원장과의 만남을 부탁했지만 성사되지 않았고, 리혁철 선생을 통해 안부와 함께 메시지를 전달하는 것으로 자족할 수밖에 없었다. '북남수뇌회담'에 집중하려는 북한 지도부의 입장을 한편으로 이해하면서, 북한식 사회주의 체제하에서 조선그리스도교련맹의 입지와 지속 가능성을 높이기 위한 노력을 배가할 필요성을 느꼈다.

삼지연에서 고려항공을 타고 평양으로, 평양에서 다시 제1호기로 서울을 향해 돌아오는 길은 전환의 역사가 부여하는 책임감으로 인한 심리적 부담 때문인지 마음이 편치 않았다. 제1호기 일등석 공간에서 정부 관료, 정치인, 재계 대표, 한반도 전문가와 평양정상회담 이후의 상황을 전망하며 의견을 나누면서 필자의 마음을 스쳐 가는 우려가 있었다. 남북관계로 인해 남남갈등의 덫에 걸린 우리 사회는 과연 이 전환을 긍정적으로 맞을 준비가 되었는가? 반공친미냉전 정치학의 논리로 무장하고 북한을 악마적 존재로 신학화 해 온 한국교회는 이 전환에 어떻게 응답할 것인가? 한국의 민주화운동 이후 세대는 이런 변화를 이끌어가며 한반도 통일의 새로운 미래를 주도할 역량을 스스로 준비하고 있는가? 북한 인민들은 이와 같은 변화의 과정에 주체적이며 자주적인 성찰을 통해 참여하며 주권재민의 민주적 행동을 할 수 있을까? 분단체제를 통해 권력을 재생산해온 남과 북의 기득권 세력은 이 변화 앞에 어떤 변신을 꾀할 것이며, 자주적 시민사회는 이들을 어떻게 극복할 것인가? 한반도 주변 강대국은 한반도 분단체제에 기생하며 챙겨온 지경학geoeconomic적, 지정학적, 군사적 국익을 무엇으로 대체할 것인가?

수많은 질문과 과제에도 불구하고 2018년에 바라본 한반도의 비전은 한반도를 향한 하나님의 무지개 약속이다. 한반도에 평화의 봄이 경작되고 있다. 하나님께서 친히 내려오셔서 분단과 냉전의 동토에 평화, 번영, 통일의 밭을 일구고 계신다. 냉전시대의 세계지정학에 익숙한 전문가가 상상하지 못하는 제안이 쏟아지고 만남의 사건이 발생하고 있다. 이집트 제국의 압제 아래 고난당하는 히브리 민중의 탄식을 들으시고 내려와 출애굽의 구원 행동을 진두지휘하신 하나님, 일제 식민지를 자주적으로 극복하지 못하고 분단과 냉전의 세월을 살아가는 이 땅 백성의 탄식을 들으시고 친히 내려와 남북정상을 불러 한자리에 앉게 하시고 판문점선언을 발표하게 하신 하나님, 북미정상의 마음을 움직이셔서 한자리에 앉게 하시고 평화의 길을 열어가게 하시는 하나님, 그 하나님께서 2018년과 2019년에 보여주신 구원 행동은 임박한 한반도 평화의 표징이다.

남과 북, 그 사이에 선 존재로 살아가기

우리는 분단과 냉전이 한반도 역사의 끝이 아니라는 믿음을 지켜왔다. 십자가의 죽음은 하나님의 구원 역사의 끝이 아니라 하나님의 구원 역사를 완성하는 정점이다. 하나님이 원하는 세상은 치유되고 화해된 세상, 정의와 평화가 입 맞추는 세상, 그 결과로 만물의 생명이 풍성함을 누리는 세상이다. 하나님이 원하시는 세상의 빛에서 볼 때 분단과 냉전이 초래한 생명의 고통은 하나님의 뜻에 어긋난다. 분단과 냉전은 하나님과 인간과 자연에 대한 범죄이다. 하나님과의 계약을 일방적으로 파기하는 전형적인 폭력이다. 따라서 분단과 냉전은 하나님이 원하는 한반도의 역사가 아니다. 하나님께서는 치유되고 화해된 한반도, 정의와 평화가 입 맞추는 한반도, 만물의 생명이 풍성함을 누리는 한반도를 원하신다.

우리는 지금 한반도에 평화의 봄을 일구시는 하나님의 농부로 부름을 받고 있다.

한반도에 평화의 봄이 경작되는 상황의 빛에서 에베소서 2장 14절의 말씀을 어떻게 이해해야 할까? "그는 우리의 화평이신지라 둘로 하나를 만드사 원수 된 것 곧 중간에 막힌 담을 자기 육체로 허무시고……." 한반도의 예수님은 분단과 냉전의 장애를 입은 하나님이다. 하나님이 세상을 이처럼 사랑하사 인간의 몸 입고 세상에 오신 장애, 십자가의 죽음이라는 가장 비천한 자리로 낮아지신 장애, 그 하나님은 지금 분단과 냉전의 장애를 입고 십자가에 달려 남과 북 사이에 가로누워 계신 하나님이시다. 하나님이 한반도를 사랑하는 방식은 명료하고 단순하다. 분단과 냉전으로 상처를 입은 사람들과 자신을 동일시하시는 하나님이시다. 부활을 통해 모든 분단과 냉전의 상처에서 해방되도록 치유하고 화해하시는 하나님이시다. '하나님으로부터의 소외'와 '인간 상호 간의 소외'라는 이중적 소외로부터 구원과 해방을 이루시는 하나님이시다.

이방인은 하나님의 축복으로부터 소외된 자로 약속의 언약에서 제외된 자, 메시아에 대한 희망이 없는 자, 선민의 축복으로부터 소외되어 하나님 앞에 나아갈 수 없었던 자이다. 분단과 냉전은 인간 모두가 서로를 향해 이방인화 하는 시스템으로 소외의 상징이다. 그리스도께서 십자가에 죽으심을 통해 분단과 냉전의 율법을 폐기하고 인간과 인간 사이의 모든 장벽을 허무시고 평화를 선물로 주셨다. 이 구원과 평화의 은총을 입은 그리스도인은 남과 북 그 사이에 선 존재로 살아가야 한다. 남과 북의 이질성이 조화를 이루는 새 세상을 만들어 가는 새 사람은 사이에

서서 치유와 화해를 이루는 사람이다. 한반도 평화와 구원을 위해 분단과 냉전의 옛 조문들을 폐기하고 존재론적 원수 사랑을 이루는 새 언약을 만들어야 한다. 한 가족이 된 성도에게는 혈연, 신분, 환경의 차이가 아무런 문제가 될 수 없다. 새 언약의 모형이었던 옛 언약이 파기된 지금, 하나님께서 성령으로 지으신 새로운 공동체인 교회는 하나님과 인간, 인간과 인간 사이의 화해를 이루신 그리스도의 중보사역에 뿌리를 내린 존재로 성장해야 한다. 교회는 성령 안에서 차별 없이 모든 사람을 하나님께 연결하고 인간 상호 간의 화평을 도모하여 보편적인 교회를 이루어 나가야 하는 사명을 지니고 있다.

교회는 민족공동체의 치유와 화해, 평화통일을 이끄는 생명공동체로 하나님 사랑을 원수(이웃) 사랑으로 실천해야 한다. 교회가 치유되고 화해된 생명공동체로 갱신하기 위해서는 교회 안에 깊이 내재한 냉전 의식과 냉전 문화를 적극적 평화 의식과 문화로 전환해야 한다. 교회는 분단과 냉전으로 고통당하는 민족공동체와 동행하며 민중의 고통을 경청하고 생명 안전의 시공을 제공하므로 이데올로기 체제의 경계를 넘어 신뢰와 믿음을 회복해야 한다. 교회는 분단과 냉전의 장애 지닌 이웃의 얼굴에서 나를 위해 우리를 위해 장애를 입으신 하나님의 얼굴을 발견하고 하나님께서 나와 우리에게 그리하셨듯이 치유와 화해의 손길을 내미는 공동체가 되어야 한다. 한반도에서 역사의 변혁과 개인과 공동체 삶의 진보는 분단과 냉전의 장애를 관통할 때 비로소 가능하다.

민족공동체의 치유와 화해, 평화통일을 위한 생명망짜기운동

분단은 치유와 화해를 통해 정의와 평화를 만드시는 하나님의 영과 하나님 사람들의 현존이 함께하는 상황이다. 이 같은 신학적 인식은 한반도가 평화의 진원지요, 한반도의 각성한 교회와 민중이 동북아시아와 세계 평화를 위한 인식론적 특권을 지닌 하나님의 치유와 화해 사역의 도구라는 선교적 인식을 가능하게 한다. 이 같은 선교신학적 인식은 상처 입고 부서진 채 신음하는 한반도의 생명망을 치유하고 화해하게 하는 방법론으로 '민족공동체의 치유와 화해, 평화통일을 위한 생명망짜기운동'이라는 유기적 생태적 영성과 전략을 제시한다. '생명망짜기'는 상처를 극복하고 치유하고 화해한 경험을 가진 사람들이 치유와 화해의 과정에서 체득한 인식론적 특권을 가지고 상처 입은 치유자, 화해자가 되어 상처 입고 고통당하는 생명 세계 속에 진행되고 있는 하나님의 치유와 화해의 신교 과정에 참여하는 것이다. '민족공동체의 치유와 화해, 평화통일을 위한 생명망짜기운동'은 민족공동체를 해체하는 사회학적 원죄인 분단으로 인한 민족공동체의 상처를 치유하고 화해와 평화통일을 이루기 위한 교회의 과제 설정과 역할 수행을 목표로 한다. 이는 한국교회 전체가 냉전 의식을 극복하고 전 교회적 연대를 통해 자신을 스스로 갱신하며 참여해야 할 중대한 과제이다.

4·27 한반도 평화와 번영과 통일에 관한 판문점선언이 평화의 '내용'이라면 북미정상회담은 그 내용을 담아내는 '틀'이다. 향후 북미정상회담

이 지속해서 난항을 겪더라도 판문점선언이 담아내는 평화의 내용을 무효화 할 수 없다. 남과 북이 이를 공유하고 자주적으로 실현할 수 있도록 종교 시민사회가 평화의 방패가 되어야 한다. 전환기에 한반도 화해통일선교는 다음의 다섯 가지 영역에 관심을 가져야 할 것이다.

첫째, 평화와 공영, 화해와 통일을 위한 제반 환경조성에 힘써야 한다. (1) 4·27 판문점선언의 내용을 구체적으로 실천하기 위한 일, (2) 세계교회와 연대하여 한반도와 동북아시아의 공동평화안보환경을 개선하는 민간외교를 강화하는 일, (3) 동북아시아 종교 시민 평화연대를 구축하는 일, (4) 세계교회와 함께 하는 한반도에큐메니칼포럼EFK을 활성화하는 일, (5) 연구단체 네트워크의 공동연구를 통해 역사 이해, 동질성 회복, 평화정책 및 프로그램을 개발하여 실천하는 일 등을 해야 한다.

둘째, 남과 북 그리스도인의 상호 교류와 협력을 증진해야 한다. (1) 부활절, 6·25, 8·15 등 역사적 기억의 날에 함께 예배하고 친교 하며 공동의 증언에 참여하는 일, (2) 분단과 냉전이 남긴 상처를 치유하고 화해하기 위한 적극적 평화 교육과정을 개발하는 일, (3) 냉전 의식을 평화 의식으로, 냉전 문화를 평화문화로 전환하기 위한 개별 혹은 공동의 노력을 실천하는 일, (4) 평화와 공영, 화해와 통일을 위한 남과 북 그리스도인들의 공동의 교육교재를 개발하고 집단 학습하는 일, (5) 청년, 여성, 장애인을 포함한 다양한 영역의 상호 교류를 추진하는 일 등에 힘써야 한다.

셋째, 북한 인민대중의 사회경제적 생명을 풍요롭게 하는 사회봉사사역의 효과적 전개를 위해 최선을 다해야 한다. (1) 북한 디아코니아

diakonia 신학과 실천 행동을 공동 개발하는 일, (2) 북한 맞춤형 사회봉사 매뉴얼을 공동 개발하는 일, (3) 조선그리스도교련맹 본부와 각 지부에 종합적 사회봉사를 위한 생명망을 조직하는 일, (4) 생명텃밭운동, 생명 밥상운동, 햇볕발전소운동, 사회적 기업 등 생태경제융합사업을 도모하는 일, (5) 각종 재해구호 및 인도적 나눔과 함께 지속 가능한 대안적 사회개발을 도모하는 일에 집중해야 한다.

넷째, 조선그리스도교련맹의 지속 가능한 성장과 발전을 위한 행동계획을 세우고 실천해야 한다. (1) 조선그리스도교련맹 일꾼의 전문성 함양을 위한 교육 훈련과정을 협력하는 일, (2) 사회봉사관에서 종사할 일꾼의 훈련을 위해 직업훈련원 개설을 협력하는 일, (3) 지속적인 수입 창출을 위한 사업을 개발하는 일, (4) 조선그리스도교련맹의 국제관계 업무 지원과 전문 일꾼 양성에 힘쓰는 일, (5) 조선그리스도교련맹의 사회정치적 지위 향상을 위해 노력하는 일 등에 관심을 기울여야 한다.

다섯째, 북한에 교파주의를 초월한 하나의 교회를 건설하는 일에 힘써야 한다. (1) 남한의 교파주의 북한선교를 에큐메니칼 선교로 전환하기 위해 노력하는 일, (2) 평양신학원의 활성화를 협력하는 일, (3) 북한교회의 신앙과 직제에 대해 공동으로 연구하는 일, (4) 조선그리스도교련맹과 북한교회 건설에 대한 공동 매뉴얼을 개발하는 일, (5) 교회와 종합사회봉사관의 융합적 결합의 모델을 만들어 가는 일 등에 힘써야 한다.

그리스도는 화평이신 하나님이시다. 원수 된 것, 곧 중간에 막힌 담을 자기 육체로 허무시며 치유하고 화해하게 하시는 하나님이시다. 그 안에서 평등과 사랑, 정의와 평화가 입 맞추고 온전한 조화를 이루며 나누어진 둘을 하나 되게 하시는 하나님이시다. 이 하나님은 남남갈등의 원죄인 남북 분단의 사이에 십자가에 달린 채 가로질러 누워계시며 분단의 죄악을 십자가에 못 박고 진리 안에 소통하라고 초대하시는 하나님이시다. 사이에 계신 하나님께서 진리의 영이신 성령의 소통을 통해 남과 북에 요청하시는 새 사람, 새 세상은 어떤 것일까? 그 새로운 존재, 새 세상을 위해 우리가 상대화하고 극복하고 끝내는 폐기해야 할 신조와 율법과 법조문, 이데올로기와 체제는 무엇일까를 깊이 성찰하고 실천해야 한다. 남과 북의 화해의 사도로서 그리스도인이 일상에서 '분단 넘기'를 실천하므로 냉전 의식을 평화 의식으로 전환하는 '사이에 선 존재 being-inbetween'로서 삶을 살아갈 때, 그 새로운 존재로서 삶 안에서 새 세상은 잉태되어 이미 성장해가고 있다. 나의 마음속 깊은 곳에 흐르는 강줄기를 따라 다시 한반도 평화아리랑이 들려온다. "아리 아리랑 쓰리 쓰리랑 아라리가 났네. 아리랑 음 음 음 아리리가 났네. 만나니 반가우나 이별을 어이해. 이별을 하라거든 왜 만났던가. 아리 아리랑 쓰리 쓰리랑 아라리가 났네. 아리랑 음~ 음~ 음~ 아리리가 났네."

이홍정

서울대학교 사범대학, 장로회신학대학원, Birmingham University 박사

북한대학원대학교 박사과정 수료

아태장신대 총장 역임, 한일장신대학교 선교학과 교수 역임

한국기독교교회협의회 총무

저서로 『선교학개론』, 『21세기 한국과 중국의 교회와 신학』, 『함께 한길 함께 갈길』 외 다수

"

이이남은 동양과 서양. 고대와 현대를 넘나들며 분방하게 아이디어를 분출해왔다.
익숙한 이미지를 다르게 보게 하고, 새롭게 흥미를 유발케 하는 재능이 출중한 것 같다.
앞으로도 콘텐츠가 다양해지고, 예술적 깊이와 더불어 재미도 함께 넘칠 법하다.
지금까지 세상, 현실, 역사, 환경 등의 문제, 종교, 인간에 대한
성찰과 고뇌를 적절히 버무려왔기 때문이다.

....

단박에 고개를 저으며, 고향 광주와 담양이 편하고 좋단다.
작업과 활동에도 별 불편함을 못 느낀다고 답한다.
요즘 말대로 글로벌–로컬리즘, 곧 그로컬리즘glocalism을 실천하는 작가의 면모도 커 보였다.
광주 양림동에 새로 완성한, 멋진 작업공간을 둘러보며 더욱 그런 생각이 들었다.

"

디지털 이미지의 혼성과 겸재 정선의 진경 산수화법
-마곡문화관이 기획한 '이이남, 빛의 조우' 전시를 보며*

이태호 명지대학교 미술사학과 초빙교수/서울산수연구소장

1.

작년 11월 중순이다. 강서구에 소재한 서울식물원 마곡문화관이라며, 정수미 학예연구사에게서 전갈이 왔다. 이이남李二男 개인전 오픈식에 참석해달라는 초대였다. 축사도 해주고, 도록圖錄의 글도 써달라는 요청도 곁들였다.

---

* 이글은 2021년 10월 26일에 다문화평화교육연구소가 진행한 '인권과 미술-미디어아트, 명화에 생기를 불어넣다'라는 제목으로 강의를 맡은 이이남 작가 '마곡 문화관 기획전, 이이남, 빛의 조우' 개인전 도록圖錄에 실린 글이다. 이이남 작가 허락을 받아 이곳에 다시 게재함을 밝힌다.

서울식물원 북쪽의 마곡문화관은 언뜻 오래된 방앗간처럼 보였다. 콘크리트 구조물 위에 지은 목조건물로, 옛 배수펌프장이었다. 1925년 여름 이른바 을축년 대홍수를 치른 뒤, 양천수리조합이 곡창지대인 김포 마곡평야의 물을 조절하기 위해 1927~1928년에 지었단다. 서울시 등록 문화재 제363호로, 2018년 문을 연 서울식물원이 관리하고 있다.[1] 맨 아래층 원통형 배수시설을 보존하고 유리 바닥으로 마감해, 멋진 문화공간이 재탄생한 것이다.

마곡문화관은 북쪽으로 궁산 기슭 겸재정선미술관과 개화산 사이에 배치되고, 강 건너에는 덕양산 행주산성이 한눈에 들어온다. 지금은 빌딩 숲으로 가려졌지만, 나지막한 발산과 조금 높은 우장산이 너른 평야 남쪽으로 흐르는 형국이다. 동쪽으로는 한강 너머 북한산세가 펼쳐져 있다. 계양산이 자리 잡은 서쪽 들에는 호수공원도 조성하여, 서울식물원과 마곡문화관은 강서구의 명소로 사랑받을 법하다.

이곳에서 우리 시대를 대표할 미디어 아티스트 이이남의 작품을 전시하니, 색다른 기대심이 앞섰다. 이이남은 이곳 고을 수령이었던 겸재謙齋 정선鄭敾, 1676~1759의 대표작품 〈금강전도金剛全圖〉, 〈인왕제색도仁王霽色圖〉, 〈박연폭도朴淵瀑圖〉 등을 디지털로 소화한 작가였기 때문이다.[2]

겸재 정선은 1740년 양천현령으로 부임해 1745년까지 역임했다. 수령 재임 기간에 한강을 유람하며 명소를 담은 『경교명승첩(京郊名勝帖)』

1) 마곡문화관, 『땅과 물의 기억』, 서울식물원, 2018.
2) 아트센터 나비 엮음, 『명화가 살아있다 Les Peintres Vivants』, Nabi Press, 2011.

(1740~1741년, 1750년경, 간송미술관 소장), 『양천 8경첩』(1740~1745년, 김충현 구장), 『연강임술첩(連江壬戌帖)』(1742년, 개인 소장) 등을 남기며, 개성적 회화예술의 기반을 이룩했다.[3] 이를 기념해 양천 관아터 근처에 겸재정선미술관이 건립되었다.

이이남 작가의 기발하고 새로운 화면을 궁금해하며 마곡문화관에 다가섰다. 흰 천에 이이남 LEE LEE NAM이라는 고딕체를 중심으로 '서울식물원 마곡문화관 기획전, "이이남, 빛의 조우", 2019. 11. 21.~2020. 4. 19.'이라는 알림 배너가 걸려 있었다.

2.

전시장 남쪽 문을 들어서자 왼쪽 벽면을 가득 채운 8개의 화면이 눈에

---

3) 최완수, 『겸재 정선』, 현암사, 2009. ; 이태호, 「새로 공개된 겸재 정선의 1742년 작 〈연강임술첩〉」-소동파 적벽부의 조선적 형상화, 『동양미술사학』 2, 동양미술사학회, 2013. ; 이태호, 『서울산수』-옛그림과 함께 만나는 서울의 아름다움, 『월간미술』, 2017.

띄었다. '다시 태어나는 빛, 양천Reborn Light, Yangcheon'이다. 기둥 사이 8개 화면은 가로 12미터의 폭에 높이 2.4미터로, 8개 풍경이 절묘하게 기둥과 기둥 사이 8간 벽면과 맞아 떨어진다. 화면의 반대편에서 이미지를 쏟아내는 빔프로젝터는 4대이다. 프로젝터 1대당 2개 화면을 그려낸다. 겸재 정선의 양천 8경도 화면부터 전체 동영상은 19분 37초이다. 이이남 작가가 지역 문화의 역사와 공간을 맞춤으로 준비한 초대형 가작이다. '다시 태어나는 빛, 양천Reborn Light, Yangcheon'이 여기 마곡문화관의 얼굴로 이대로 보존 전시해도 명물이겠다.

'다시 태어나는 빛, 양천Reborn Light, Yangcheon'은 겸재 정선의 『양천 8경첩』(비단에 수묵담채, 각 폭 33.3×24.7cm)의 여덟 장면이 화면 가득 채워지면서 시작된다. 양천현령 시절인 1740~1745년 사이에 그린 화첩으로, 〈개화사開花寺〉, 〈낙건정樂健亭〉, 〈귀래정歸來亭〉, 〈소악루小岳樓〉, 〈소요정逍遙亭〉, 〈이수정二水亭〉, 〈선유봉仙遊峯〉, 〈양화진楊花津〉 등 8점으로 꾸며져 있다.4) 서예가로 유명했던 고故 일중 김충현의 소장품이었다.

방화의 개화산 중턱 북향으로 앉은 〈개화사開花寺〉는 현재 약사사이며, 고려 시대 석탑과 석불이 모셔진 고찰이다. 양천 관아의 〈소악루小岳樓〉가 세워진 궁산은 고구려와 신라의 유적지로 알려져 있다. 궁산과 마주한 행주산성의 덕양산 기슭 〈낙건정樂健亭〉과 〈귀래정歸來亭〉, 광주바위와 공암 탑산의 〈소요정逍遙亭〉, 안양천이 한강에 합류하는 언덕의 〈이수정二水亭〉 등은 조선 초기 왕자부터 중후기 문인 사대부까지 강변 문화를 즐겼던 풍류 터이자 명승지였다. 지금은 사라진 〈선유봉仙遊峯〉이나 잠두

---

4) 최완수, 『겸재 정선』, 현암사, 2009.

봉 아래 〈양화진楊花津〉은 양천현령이었던 겸재 정선의 통치권이 미친 곳이다.

이들 겸재 정선의 8점 그림은 소품임에도 대형 화면에 확대해 비춰도 작품성에 손색이 없다. 이이남은 『양천 8경첩』이 명작임을 재확인시켜 준다.

8경이 조용히 움직인다. 한강 물결을 따라 돛단배나 조각배가 움직이고, 강변 길목에는 나귀 타고 가는 사람이 등장한다. 이는 맞은편 '겸재 정선 고흐를 만나다'의 오른쪽 화면 〈설평기려雪坪驥驢〉에서 이동해 온 겸재 정선이다. 흰 도포 차림의 문사가 소악루에 출현하며 봄 매화와 진달래를 즐긴다. 연한 녹음 풍경에 안개가 아스라이 깔린다. 이수정二水亭으로는 큰 호랑나비가 날아 움직인다. 봄 경치에 빗방울 떨어지며 여름으로 변하고, 소요정逍遙亭으로 호랑나비와 나비 떼가 이동하며 가을 단풍이 물든다. 늦가을 눈이 내리며 겨울로 진입한다. 폭설의 겨울밤 별이 뜨고 이수정二水亭에 북두칠성이 반짝인다. 선유봉仙遊峯과 소악루小岳樓의 눈 쌓인 설경에 유난히 별이 빛난다. 나귀 탄 인물이 여기저기 지나다니며, 겨울밤이 지나 일출의 아침을 맞는다. 이렇게 양천 8경의 4계절이 소리 없이 지나간다.

조선 시대 자연 풍경을 담은 산수화 양천 8경의 원화 이미지가 사라지고, 제2막으로 전환한다. 깜깜한 어둠에서 물결이 솟고 가라앉으며, 도시가 출현하거나, 그물망이 융기하고 침잠한다. 거대한 파고는 서해로 빠져나가는 한강 물결을 연상시킨다. 검정 바탕에 흰 빛살들이 엉키고 분산한다. 하얀 점들이 뒤섞이며 구름안개나 연기처럼 일었다 사라진다. 위에서 아래로 내리꽂고 거꾸로 다시 끌어올리고, 들이친다. 좌우에서 빛이 쏟아지면서 가는 선의 이미지가 흐르고, 대칭형으로 마무리된다. 1925년 을축년 대홍수를 겪은 후 건설한 배수펌프장과 일제강점기를 겪은 한국 근대사를 배경 삼아 작업한 결과이다.

작품 후반부에 깔린 연주 음악은 잔무늬 빛살의 움직임을 따라 빠르고 느리게 격정과 서정이 반복한다. 다이나믹한 소리와 빠른 템포는 북과 가야금연주를 중심으로 신비감을 준다. 음악의 제목은 따로 없다. 이 작품에 맞춤으로 장쾌하게 창작한 국악팀은 월드 뮤직그룹 '공명'이다.[5] 20분가량을 다 관람하고 나니, 멍해졌다. 이번 신작 '다시 태어나는 빛, 양천Reborn Light, Yangcheon'은 구상에서 추상으로 마치 대규모 오케스트라의 장엄한 연주 같았다. 더불어 화면의 작은 움직임들의 디테일은 숨은 그림처럼 읽는 흥미를 더해주었다.

작품 관람이 끝날 무렵, 전시기획자 정수미 학예연구사가 거든다. "이이남 작가의 장점인가 봐요. 관람자들이 너무 좋아하고 재밌어하고 신기해해요." 이어 신작 영상 '다시 태어나는 빛, 양천Reborn Light, Yangcheon'은 세 번이나 내용을 수정 교체했다고 한다. 최종 결과를 보니, 개막식 때 스쳐 등장했던 엄숙하고 장중한 범종 소리와 기와지붕, 백남준의 비디오 영상, 마곡문화관이나 양천 8경의 이미지가 완연히

---

5) http.//www.gongmyoung.co.kr/page2/page6/index.html

제거되어 있다. 개막날 영상의 뒷부분을 정제한 것이다. 전반부 양천 8경의 구상 그림과 후반부 격동기 역사를 추상 이미지로, 명확히 대비시켜 놓았다.

최근 이이남은 빛의 움직이는 이미지에 꽂힌 듯하다. 이번 마곡문화관 전시 바로 직전 광주 은암미술관(2019. 11. 4.~12. 3.)에서 선보인 〈다시 태어나는 빛Reborn Light, beam projector 7대, 11분 6초〉이 그 사례이다.[6] 물소리 새소리로 시작한 이 작품은 사람들 군상, 문자들, 나비, 구름, 파도 등 구상 이미지들이 뒤섞이며 국악기 연주와 어울렸는데, 이번 '다시 태어나는 빛, 양천Reborn Light, Yangcheon'은 구상에서 갈라 후반 부를 완연한 추상적 동영상으로 마무리하였다. 앞으로 빛과 추상무늬의 전개를 통해 현실에 존재하지 않은, 원본 없는 미증유未曾有 이미지에 대한 이이남의 창작 의지를 감지케 한다.

3.

이번 개인전의 중심작품 '다시 태어나는 빛, 양천Reborn Light, Yang cheon'은 겸재 정선이 18세기 중엽에 그린 양천 지역의 옛 풍경과 20세기 전반 마곡문화관의 전신 배수펌프장이 겪은 우리 근대사를 연계한 영상물이다.

이 신작과 함께 전시 공간에 설치된 5점 구작이 눈길을 끈다. 특히

---

6) 『LEE LEE NAM, 다시 태어나는 빛』 전시 도록, 은암미술관, 2019.

과거 양천 마곡지역과 관련하여 양천현령을 지낸 겸재 정선에 대한 오마주hommage를 담은, 이이남의 구상계열 대표작이라 할 수 있겠다. 전시실 구조에 맞춘 다섯 작품의 배치와 구성은 완벽했다. 이이남은 전시를 제안받고 전시 공간에 처음 들어서자마자, 순간 작품의 배치구상을 완성하였다고 한다. 전시기획자와 전시장소, 그리고 작가와 만남이 최고의 연출과 예술성을 콜라보했다.

전시실 출입문을 들어서면 정면으로, 2017년 작 〈박연폭포朴淵瀑布〉(75인치 LED TV 4개, 6분 39초)를 만난다. 북벽 지붕에서 바닥까지 길게 폭포가 시원스레 쏟아지게 설치했다. 본디 겸재 정선은 폭포의 실경을 보이는 대로 묘사하기보다 우렁차게 쏟아지는 폭포의 굉음을 담기 위해 상하로 긴 화폭을 선택했을 터이다. 눈에 보이는 풍경 묘사보다 폭포 길이를 두 배가량 변형해, 소리의 리얼리티를 실감 나게 표현한 점이 그렇다.[7] 이이남은 4대의 TV를 세워 연결하고, 원화의 중간 부분을 반복해 폭포 소리를 동영상으로 더욱 강조했다. 배경에 저녁노을을 드리우기도 했다. 작품의 위치가 정북으로 개성 송악산과 박연폭포 쪽을 향한 점도 남다르다.[8]

---

7) 이태호, 「겸재 정선의 진경산수화에 나타난 실경의 표현방식 고찰」, 방법론의 성립. 한국미술사의 과거·현재 그리고 미래, Los Angeles County Museum of Art, 2001. 3. 1. ; 이태호, 「겸재 정선의 실경표현 방식과 〈박연폭도〉」, 『조선후기 그림의 기약 세』, 학고재, 2005.; 이태호, 『옛 화가들은 우리 땅을 어떻게 그렸나』, 생각의 나무, 2010.

8) 박연폭포는 조선 시대 황진이, 화담 서경덕과 함께 송도삼절에 해당하는 개성 명승이다. 우리나라 3대 폭포로 손꼽힌다. 박연폭포 물소리를 노래한 대표적인 경기민요가 개성난봉가이다.

전시장 입구 오른편, 아래위 층이 오픈된 전시실은 옛 배수 처리 시설 관리 공간이었다. 1층 〈겸재 정선 고흐를 만나다〉(55인치 LED TV 3개, 6분 20초)는 2014년 작이다. 18세기 중엽 겸재 정선이 19세기 말 유럽의 반고흐Vincent van Gogh를 만나러 가는 대장정이 3대의 티브이에 담겨 있다. 오른쪽부터 겸재 정선의 〈설평기려雪坪騎驢〉 그림, 남프랑스 아를Arles의 누런 가을 평원, 오베르Auvers 시절 반 고흐의 마지막 방과 붕대를 감은 자화상 화면이 배치되어 있다.

2017년 작 〈박연폭포朴淵瀑布〉(75인치 LED TV 4개, 6분 39초).

　〈설평기려雪坪騎驢〉는 『경교명승첩』(간송미술관 소장)에 포함된 그림으로, 마곡문화관과 인연이 각별하다. 발산과 우장산을 배경으로 삼은 흰 눈밭이 바로 마곡 들판이다. 화면 오른쪽 아래 눈길에 나귀를 탄 인물은 조선 문인화가 겸재 정선에 해당한다. 이 같이 조선과 유럽 회화, 동서문화의 만남을 설정한 이이남의 작품으로는 2008년의 〈모네와 소치와의 대화〉(2-charnel video, 11분 3초), 2009년의 〈겸재 정선과 세잔〉(LED TV,

2009년의 〈인왕제색도仁王霽色圖-사계四季〉(55인치 LED TV 1개, 4분 35초).

1대, 4분 20초) 등이 떠오른다.

2층에는 이이남의 대표작 2009년의 〈인왕제색도仁王霽色圖-사계四季〉 (55인치 LED TV 1개, 4분 35초)를 중앙에 배치하고, 오른쪽 남쪽 벽에 두 작품을 설치해 놓았다. 두 영상물은 2010년의 〈그곳에 가고 싶다〉(beam projector 1개, 7분 23초)와 2017년의 〈신 단발령망금강〉(beam projector 1개, 6분)이다. 〈인왕제색도-사계〉와 〈그곳에 가고 싶다〉는 겸재 정선이 75세 때 그린 1751년의 〈인왕제색도〉(삼성미술관 리움 소장)를 바탕 그림으로 디지털화한 작품이다. 수묵화 〈인왕제색도〉는 한국미술사의 최고로 손꼽히는 걸작이다.9)

---

9) 이태호, 「겸재 정선, 비에 젖은 여름 인왕산에 취하다」 서울이 아름답다2, 『월간 미술』 2015년 7월호. ; 이태호, 『서울산수』-옛그림과 함께 만나는 서울의 아름 다움, 월간미술, 2017.

2009년의 〈인왕제색도-사계〉는 이이남식 디지털 구성과 변환의 전형으로 꼽히는, 대표작이다. 화면에는 매화와 진달래의 봄이 깔리고, 소나무 솔잎에 짙푸른 녹음이 들며 여름 폭포가 바위 계곡을 타고 내린다. 여객기 한 대가 인왕산 주봉 뒤로 숨을 때, 파란 하늘에 흰 구름이 장맛비를 쏟아낸다. 이어 비가 그치고 가을 단풍에 물든 저녁노을이 진다. 아름다운 석양에 인왕산 기슭 기와집에 불이 켜진다. 겸재 정선이 살던 집이다. 저녁연기가 피어오르며 눈이 내린다. 겨울 인왕산 능선 오른쪽 멀리 도시가 잠시 등장하고, 눈이 계속 쌓이다가 수묵화로 환원된다. 수묵화인 원화와 대조적으로, 사계의 변화와 노을 표현에 키치Kitsch의 분위기가 물씬한 인상적인 작품이다.

2010년의 〈그곳에 가고 싶다〉는 앞의 〈인왕제색도-사계〉와 달리 겸재 정선의 〈인왕제색도〉를 새롭게 해석해 변형한 영상이다. 한양도성의 서쪽, 둥글고 당차게 잘생긴 인왕산을 이상향으로 설정하였다. 그곳에는 마네Manet, 쇠라Seurat, 르네 마그리트René Magritte 등 유럽 작가의 작품 이미지와 도포 차림의 조선 선비, 소나무, 버드나무, 해오라기, 한국의 현대 유명인 등이 총망라되어 있다.

2017년의 〈신 단발령망금강斷髮嶺望金剛〉은 더욱 다채롭다. 같은 제목으로 2009년의 〈신 단발령망금강〉(LED TV, 1대, 5분 30초)를 보완해 개작했다. 겸재 정선의 〈단발령망금강斷髮嶺望金剛〉 원작은 국립중앙박물관 소장품에서 좀 더 가벼운 필치의 간송미술관 소장품으로 바뀌었고, 런닝타임을 30초 늘렸다.

금강산과 단발령이 벌어진다. 그 사이로 구름이 끼고 노을이 지며,

2009년의 〈신 단발령망금강斷髮嶺望金剛〉(LED TV, 1대, 5분 30초).

케이블카가 움직인다. 서울 풍경에 대규모 도시공사가 벌어진다. 멀리 비행기가 날아들고, 공사판에는 서울과 세계도시의 유명빌딩이 공존해 있다. 피사 사탑, 파리 에펠탑, 시드니 오페라하우스, 미국의 백악관, 상해 포동의 건물이 보인다. 분단의 상징으로 6.25전쟁 기념과 관련한 워싱턴의 조형물과 인천의 맥아더 동상도 등장한다. 맥아더는 단발령을 바라보고, 이순신 동상이 왼쪽 아래서 출현하고, 에펠탑 뒤 로댕의 유명 조각작품 〈생각하는 사람〉도 등장한다. 단발령에서 금강산으로 들어간 케이블카는 야경에 빠른 속도로 되돌아오며, 거대도시는 아스라이 사라진다. 단발령 고갯길에는 사람들이 불 밝히고 올라갔다가 사라지고, 케이블카에서 내린 사람들이 금강산 대신 거대도시를 바라볼 때, 다시 구름이 깔리면서 끝난다.

4.

이처럼 이이남은 동양과 서양, 고대와 현대를 넘나들며 분방하게 아이디어를 분출해왔다. 익숙한 이미지를 다르게 보게 하고, 새롭게 흥미를 유발케 하는 재능이 출중한 것 같다. 앞으로도 콘텐츠가 다양해지고, 예술적 깊이와 더불어 재미도 함께 넘칠 법하다. 지금까지 세상, 현실, 역사, 환경 등의 문제, 종교, 인간에 대한 성찰과 고뇌를 적절히 버무려왔기 때문이다.

이이남의 작업에는 미디어아트, 디지털 민중미술, 디지털 팝아트, 포스트 모더니즘 등 여러 사조와 경향이 혼재해 있다. 또 「미디어 아트의 시뮬라크르에 대한 메타포리즘 해석학」이라는 자기 작품에 관해 서술한 박사학위 논문의 제목이 말해주듯이, '실제와 가상'simulacre을 넘나들며 '은유'matapho를 끌어내려 한다.[10] 이 주제는 그리스 철학에서 기원을 찾고, 복제기술 시대에 걸맞아 주목을 받았다.[11] 이이남은 20세기 후반 비디오아트 창시자로 꼽히는 백남준을 잇는 작가로, 미디어아트의 선도자로 평가된다.[12]

이이남은 "명작에 기운생동한 숨결을 불어넣어 관객에게 기대와 흥미를 자극하고 싶다"라고 얘기해왔다. 내가 이이남을 반기며 이 글을 쓰는

---

10) 이이남, 「미디어 아트의 시뮬라크르에 대한 메타포리즘 해석학-연구자의 작품을 중심으로」, 조선대학교 대학원 박사학위 논문, 2017.

11) 박치완, 『이데아부터 시뮬라크르까지』, 한국외국어대학교 지식출판원, 2016.

12) 노소영, 「디지털 내추얼리스트 이이남」; 류병학, 「살아있는 그림」, 아트센터 나비 엮음, 『명화가 살아있다 Les Peintres Vivants』, Nabi Press, 2011. ; 노소영, 『디지털 아트. 우리시대의 예술』, 자음과 모음, 2014.

이유는 무엇보다 겸재 정선의 대표작을 즐겨 활용해 작업해온 점에 있다. 〈금강전도〉, 〈인왕제색도〉, 〈박연폭도〉 삼대 걸작을 비롯해, 『경교명승첩』의 〈장안연월長安烟月〉과 〈설평기려〉, 〈단발령망금강전도〉 그리고 이번 신작의 『양천 8경첩』까지 망라되었다. 디지털 시대 문화 현상의 하나인 토종이 미래 문화의 씨앗이고, 전통이 미래라는 뉴트로newtro 취향과도 잘 부합한다. 20세기 한국문화예술사에서 정체성에 대한 고민과 밀접하게 관련한 대목이기도 하다.13)

겸재 정선은 조선 후기 진경산수화眞景山水畵로 한국미술사를 대표하는 거장이다. 현실보다 더 나은 신선경神仙景을 꿈꾸며, 금강산과 한양을 중심으로 자신이 살던 조선 강산을 대상으로 진경산수화법을 완성했다. 겸재 정선이 이룬 진경산수화眞景山水畵의 형식미는 실경 사생보다 현장에서 받은 감명에 따라 변형해 그린 데 있다. 실경 현장의 기억과 직관으로 합성하거나 과장해 담은 것이다. 겸재 정선의 진경산수 작품은 보이는 대상의 사실적인 '눈' 그림이라기보다 대상의 느낌을 강조한 '마음' 그림, 곧 심화心畵라 일컬을 만하다.14)

이이남의 이미지 변환 방식은 놀랍게도 겸재 정선의 다시점多視點 합성이나 변형화법과 상통한다. 〈금강전도金剛全圖〉 같은 여러 시점의 봉우리를 한 화면에 합성하는 방식은 몽타주montage에 해당하고, 〈박연폭포朴

---

13) 이태호, 「한국미술사의 절정」-지난 300년, 백자달항아리에서 수화 김환기까지, 『한국미술사의 절정』, 노화랑, 2017. 2.
14) 이태호, 「실경에서 그리기와 기억으로 그리기」-조선후기 진경산수화의 시방식과 화각을 중심으로, 『미술사연구』 257, 한국미술사학회, 2008. 3. ; 이태호, 『옛 화가들은 우리 땅을 어떻게 그렸나』, 마로니에북스, 2015.

淵瀑布〉처럼 폭포의 천둥소리를 담기 위해 화면을 길게 변형한 화법은 모핑morphing과 흡사하다. 그래서 나는 진경산수화를 강의할 때마다 겸재 정선이 지금 다시 태어나 활동한다면, 아마 이 시대 최고의 디지털 작가가 되리라고 말한다. 또 한국이 세계 반도체나 스마트폰 시장, IT 강국으로 성장하고, 디지털 문화가 발달한 것은 바로 겸재 정선의 DNA 계승과 무관하지 않다고 강조하기도 한다.

겸재 정선의 생각을 이은 이이남이 출현하고, 세계미술계의 K-아티스트로 주목받는 것도 어쩌면 예정됐던 수순 아닌가 싶다. 또 동서고현東西古現을 망라해 디지털로 혼성한 이이남의 기량은 서양문화예술을 중심으로 교육되고 가치관이 정착된, 그러면서도 전통형식의 재창조를 끊임없이 추구해온 한국 근현대사회와 문화의 처지를 적절히 웅변하기도 한다. 케이팝이나 극영화 한류의 성향도 유사한 편이다.

문화지형의 빠른 변화와 함께 지역 간, 세대 간, 사람 사이의 의식과 미감의 차이도 금세 벌어졌다.[15] 나는 조선 시대 회화가 주된 전공인데다, 스마트폰도 사용하지 않고 새로운 변화 환경에도 적응하지 못한 편이다. 인류가 신석기 시대로 되돌아가면 어떨까 꿈꿔도 본다. 어쨌든 동시대 미술을 대할 때 어색하고 취향도 크게 다르지만, 다행히 이이남의 작업에 겸재 정선의 명작들이 활용되어 있기에 나도 이처럼 디지털 아트Digital Art 내지 미디어 아트Media Art에 대해 눈을 돌려보게 되었다.

나는 벌써 2011년 EBS 방송에서 '이야기 한국미술사' 20강을 진행하

---

15) 반이정, 『한국 동시대 미술 1998~2009』, 미메시스, 2017. ; 강수미, 『까다로운 대상. 2000년 이후 한국현대미술』. 글항아리, 2017.

며, 이이남 작품을 선정했다. 부제로 구석기 시대 '주먹도끼부터 디지털 아트까지'라고 달았고, 마지막 강의 '현대 문명과 사회, 그리고 미술'에서 이이남 작품으로 마감했다. 민주화운동과 민중미술의 후세대이자 현대 문명과 자연환경, 생태문제 등을 포괄하며 작업해온 결과, 이이남이 '지금'을 함께하는 미디어 아티스트이자 우리 시대를 드러낸 작가라 판단되었기 때문이다. 이를 다시 정리해 2019년 2월 같은 이름의 책으로 출간하였다.16) 이 책에서 나는 이이남의 작품 경향을 아래와 같이 썼다.

이이남은 2000년대 중반부터 고전 회화나 세계 명화를 이용해 텔레비전 매체에 이른바 '움직이는 미술Moving Art' 작품을 제작했다. 2009년도 작품 〈신-금강전도〉는 겸재 정선의 〈금강전도〉가 봄·여름·가을·겨울로 변화하는 모습을 담은 영상 작업이다. 처음에는 새 소리가 들리는 평화로운 봄 풍경으로 시작하지만, 이내 계절이 바뀌면서 금강산 곳곳에 고층 건물들이 들어선다. 겨울이 되면 조용하고 아름다운 금강산이 온통 개발의 그림자로 뒤덮이게 된다. 헬기와 비행기가 지나가고 미사일이 날아다니는 화면과 함께 공사장 소음 같은 사운드가 메아리친다. 문명의 폭력으로 금강산을 망쳐 놓은 인간의 오류를 간파했다. 이후 이이남은 옛 그림과 현실, 동서양의 교류 등을 통해 현실을 비판하던 주제에서 생태 문제로 관심사를 옮겼다. 잃어버린 자연환경에 대한 경각심을 일깨우려는 시도였다. 이이남은 현재 국내는 물론 해외에서도 왕성하게 작업 활동을 이어나가며 인기 작가로 부상했다.

---

16) 이태호, 『이야기 한국미술사』, 마로니에 북스, 2019.

5.

이이남을 처음 만난 지 벌써 30년이 흘렀다. 1990년 1학기, 내 한국미술사 강의 수강생으로, 이름이 독특해 기억에 남은 조선대학교 조소과 학생이었다. 나는 1980년대 말 대학 민주화를 이룬, 조선대학교 미대 학생회의 요청에 따라 출강했다. 마침 1990년은 광주민중항쟁 10주년이 되는 해였다. 그때 내가 재직했던 전남대학교는 물론이고 조선대학교 한국미술사 수강생에게 미술과 학생이 모두 참여하는 항쟁기념전을 준비해야 하지 않겠냐며 독려했고, 양 대학 교정에서 멋진 전시가 꾸며졌다.[17]

그리고 나는 2003년 1학기부터 광주를 떠나 명지대학교 미술사학과로 옮겼다. 2008년 겨울쯤 '겸재와 세잔' 강의를 들었던, 박사과정 전시기획자들과 함께 '유명해진' 이이남이 내 연구실을 방문한 적이 있다.[18] 이때 겸재 정선의 〈장안연월長安烟月〉 수묵화와 폴 세잔Paul Cézanne의 〈생뜨 빅뚜와르산La Montagne Sainte-Victoire〉 유화를 선택한, 이이남의 디지털 작품 〈겸재 정선과 세잔〉(2009년, LED TV, 1대, 4분 20초)이 탄생했다. 〈장안연월〉 수묵화에 비가 쏟아지며 〈생뜨 빅뚜와르산〉 유채화로 변하다가 눈이 내리자 원래 수묵화로 되돌아가는 화면의 변화를 보면서, 디지털 작업에 대한 몇 가지 아이디어가 불쑥 내게 떠올랐다. 10여 년을 묵혔

---

17) 이태호, 「시각매체로 조명한 5·18 광주항쟁의 10년」, 『가나아트』 14, 가나아트 갤러리, 1990. 7·8. ; 이태호, 『우리시대 우리미술』, 풀빛, 1991.

18) 이태호, 「자연을 대하는 같은 감명, 다른 시선-폴 세잔의 풍경화 현장에서 겸재 정선을 생각하며」, 『월간미술』, 월간미술, 2002. 1.

다가, 이번 기회에 나는 공동 작품과 2인전을 제안하였다. 이이남이 이를 흔쾌히 받아들여, 올해 말쯤 성사될 듯싶다.

　마곡문화관을 인연으로 이이남을 다시 만나고 살펴보니, 그동안 활동이 세계적인 대가 반열에 올랐다 해도 지나치지 않을 정도이다. 중국과 아시아를 넘어 미국과 유럽의 미술관이나 갤러리에서 초청하는 기획전과 개인전을 가지며 세계적인 인정을 받았다. 2016년 벨기에서 우리 시대 비디오아트의 거장이자 전설로 추앙받는 빌 비올라Bill Viola와 가진 2인전은 이이남 예술사의 정점일 법하다.

　이렇게 명망도 얻고 세계적으로 자랑할 작가가 되었는데, "왜 서울에서 작업하지 않느냐"라고 이이남에게 물었다. 또 "뉴욕에 가서 작업하며 활동할 생각은 없는지"도 재차 물었다. 단박에 고개를 저으며, 고향 광주와 담양이 편하고 좋단다. 작업과 활동에도 별 불편함을 못 느낀다고 답한다. 요즘 말대로 글로벌-로컬리즘, 곧 그로컬리즘glocalism을 실천하는 작가의 면모도 커 보였다. 광주 양림동에 새로 완성한, 멋진 작업공간을 둘러보며 더욱 그런 생각이 들었다.

참고 문헌

이이남, 「미디어 아트의 시뮬라크르에 대한 메타포리즘 해석학–연구자의 작품을 중심으로」, 조선대학교 대학원 박사학위논문, 2017.

『이이남 전』, 박여숙 화랑, 2008.

『Asia Art ZOO Competition Collection 2011』, 아트 주, 2011.

『명화가 살아있다 Les Peintres Vivants』, Nabi Press, 2011.

『Good night Analog Good Morning Digital』, 광주시립미술관, 2012.

『李二男, 數影碼像』, 北京 季豊軒畵廊, 2012.

『다시 태어나는 빛』, 가나아트, 2014.

『LEE LEE NAM, 포세이드리의 눈빛』, 포스코미술관 기획초대전, 2016.

『4차 미디어아트. 포스트 휴먼』, 광주시립미술관, 2017.

『Dare to be True . 진리를 위하여』, 부산 소울아트스페이스, 2018.

『LEE LEE NAM, 다시 태어나는 빛』, 은암미술관, 2019.

노소영, 「디지털 내추얼리스트 이이남」, 『명화가 살아있다 Les Peintres Vivants』, Nabi Press, 2011.

류병학, 「살아있는 그림」, 아트센터 나비 엮음, 『명화가 살아있다 Les Peintres Vivants』, Nabi Press, 2011.

金榮浩, 「新媒體–探故得新」, 『李二男, 數影碼像』, 季豊軒畵廊, 2012.

鄭榮道, 「模擬成眞–論李二男藝術」, 『李二男, 數影碼像』, 季豊軒畵廊, 2012.

노소영, 『디지털 아트. 우리시대의 예술』, 자음과 모음, 2014.

박치완, 『이데아부터 시뮬라크르까지』, 한국외국어대학교 지식출판원, 2016.

반이정, 『한국 동시대 미술 1998~2009』, 미메시스, 2017.

강수미, 『까다로운 대상. 2000년 이후 한국현대미술』, 글항아리, 2017.

이태호, 「시각매체로 조명한 5·18 광주항쟁의 10년」, 『가나아트』 14, 가나아트 갤러리, 1990. 7. 8.

이태호, 『우리시대 우리미술』, 풀빛, 1991.

이태호, 「겸재 정선의 진경산수화에 나타난 실경의 표현방식 고찰」, 방법론의 성립.

한국미술사의 과거·현재 그리고 미래, Los Angeles County Museum of
  Art, 미국 로스엔젤레스, 2001. 3. 1.

이태호, 「자연을 대하는 같은 감명, 다른 시선」-폴 세잔의 풍경화 현장에서 겸재 정선을
  생각하며, 『월간미술』, 월간미술, 2002. 1.

이태호, 「겸재 정선의 실경표현 방식과 〈박연폭도(朴淵瀑圖)〉」, 『조선후기 그림의 기와
  세』, 학고재, 2005.

이태호, 「실경에서 그리기와 기억으로 그리기」-조선후기 진경산수화의 시방식과 화각을
  중심으로, 『미술사연구』 257, 한국미술사학회, 2008. 3.

이태호, 『옛 화가들은 우리 땅을 어떻게 그렸나』, 생각의 나무, 2010.

이태호, 「새로 공개된 겸재 정선의 1742년 작 〈연강임술첩〉」-소동파 적벽부의 조선적
  형상화, 『동양미술사학』 2, 동양미술사학회, 2013.

이태호, 『옛 화가들은 우리 땅을 어떻게 그렸나』, 마로니에북스, 2015.

이태호, 「겸재 정선, 비에 젖은 여름 인왕산에 취하다」 서울이 아름답다 2, 『월간미술』,
  2015년 7월호.

이태호, 「한국미술사의 절정」-지난 300년, 백자달항아리에서 수화 김환기까지, 『한국미
  술사의 절정』, 노화랑, 2017. 2.

이태호, 『서울산수』-옛그림과 함께 만나는 서울의 아름다움, 월간미술, 2017.

이태호, 『이야기 한국미술사』, 마로니에 북스, 2019.

최완수, 『겸재 정선』, 현암사, 2009.

이이남

조선대학교 미술학과 조소 전공, 조선대학교 대학원 순수미술 석사

연세대학교 커뮤니케이션대학원 영상예술학 박사수료

조선대학교 대학원 미술학 박사

전남대학교 문화전문대학원 미디어예술공학 겸임교수

코리안 아이 2020선정 작가

2021 생기를 그 코에 불어넣다 전시를 비롯해 70여 회 개인전

800여 회 단체전, 비엔날레 전시 참여

이태호

홍익대학교 회화학과, 홍익대학교 대학원 미술사학과

명지대학교 미술사학과 석좌교수, 전남대학교 교수 및 박물관장

명지대학교 교수 및 문화예술대학원장

문화재청 문화재위원 역임

저서로 『이야기 한국미술사-주먹도끼부터 스마트폰까지』, 『서울 산수-옛 그림과 함께 만나는 서울의 아름다움』, 『고구려의 황홀』 등 다수

〈포겟 미 낫Forget Me Not〉의 돌발흔적과
어린 엄마들의 슬픔

김도현 사단법인 뿌리의집 대표

이 글은 2021년 11월 30일 광주광역시에 소재한 다문화평화교육연구소에서 주관한 덴마크의 한국계 입양인이자 영화감독인 선희 엥엘스토프트Sunhee Engelstoft 다큐멘터리 필름 〈포겟 미 낫Forget Me Not-엄마에게 쓰는 편지〉의 상영회에 초대받아 나누었던 이야기와 그때 못다한 이야기를 담아 쓴 글이다. 이 글에 나타나는 사람에 대한 언급과 묘사들, 즉 어린 엄마들, 기독교 목사, 입양기관 사회복지사, 가족에 관한 이야기는 어떤 특정한 인물, 심지어 영화에 나타나는 그 인물 개개인에 관한 이야기가 아님을 먼저 말해두고 싶다.

또한 이 글에서 '입양 부모'의 어떠함에 대해 말할 때, 당연히 모든 개별 입양 부모가 그러하다는 의미는 아니다. 입양 부모의 숫자만큼이나 입양 부모는 각각의 고유한 방식에 따라 다른 견해와 입장을 가지고 삶의 길을 걷고 있음을 안다. 여기에서 말하는 '입양 부모'란 2차 세계대전 이후 국가 간 아동 입양에 참여하여, 능동적으로 '입양 삼자Adoption Triad'의 구성원이 된 사람들이다. 입양 삼발이 솥단지의 한쪽 주체인 입양 부모의 경험을 과도하게 강조하고, 나아가 입양인(입양아동)과 친생부모의 입양 삼자로서 주체성을 의도하지 않게 약화시키고 비 존재화시킨 흐름에 부지불식간에 능동적으로 참여하여, 결과적으로 그러한 담론의 전파에 주체가 된 사람들만을 의미한다는 것을 밝혀둔다.

1장에서는 한국과 세계적 지평에서 입양실천이 어떤 방식으로 균형을 잃게 되었는지에 대해서 먼저 논한다. 2장에서는 선희 감독의 이 다큐멘터리의 핵심 서사라고 할 수 있는 어린 엄마[1]들이 기독교와 입양기관 그리고 가족과의 관계 안에서 어떤 방식으로 아이들과 비자발적으로 이별하며 상실의 트라우마를 겪는지에 대해서 살펴볼 것이다. 3장에서는 이 다큐멘터리의 핵심적 메시지로 여길 수 있는 어린 세 엄마의 얼굴을 지워 버린 모자이크/스크래치가 무슨 의미를 지니는지 질 들뢰즈Gilles Deleuze의 『감각의 논리』에 나타나는 '돌발흔적'의 개념을 가지고 해석해 보고자 한다.

---

1) 이 글에서 말하는 '어린 엄마들'은 미성년 미혼모들을 말한다.

1. 기울어진 삼발이 솥단지-입양 삼자Adoption Triad

입양실천 현장과 담론의 층위에서 통용되는 말 중의 하나가 '입양 삼자Adoption Triad'라는 말이다. 이 말은 입양을 올바르게 이해하려는 개념적 렌즈 중의 하나로 등장했다. 하지만 종종 입양실천이 실제로 그렇게 되는 것처럼 회자되어, 결과적으로 입양실천의 현실에 대한 오독을 초래해 오기도 했다. 삼자Triad라는 말은 한자로 솥정鼎을 의미한다. 통칭 삼발이 솥단지라고 할 수 있겠다. 세 발로 균형이 잘 잡힌 솥이라야 음식을 제대로 요리할 수 있다. 세 발 중 어느 하나라도 짧거나 구부러져 있으면, 솥은 넘어지고 음식은 쏟아지고 만다. 입양실천에서 이 세 다리는 친생부모, 아이, 그리고 입양 부모를 의미한다. 이 세 주체가 반듯하게, 충분하게, 올바르고 정당하게 고려되는 방식으로 입양실천이 이루어져야 한다는 이야기다. 입양이 2차 세계대전 이후 거의 80년에 이르고 있는 국가 간 입양실천에서 '입양 삼자'라는 개념이 지향하는 바대로 이루어진 적은 사실상 없었다고 해도 과언이 아니다. 오히려 이 말의 회자膾炙가 입양실천에서 그럴듯하고 반듯한 무언가 괜찮은 일이 진행되는 것 같은 한 착시를 불러일으켰을 뿐이다.

1) 입양부모의 경험

국가 간 입양에서 아동 인권 보호와 관련한 문제를 학문과 실천의 영역에서 32년간 다루어 온 나이젤 켄트웰Nigel Cantwell 박사는 사람들이 입양이라는 말을 사용하는 환경에서 주로 떠오르고 말들은 '극진한 찬사의 이미지the glowing image'[2]와 결합해 있다는 점을 지적한다. 한국의 경우도 예외는 아니다. 입양은 선하고 고귀하며 아름다운 것, 입양은 사랑으로 충만한 그 무엇이라는 이미지이다. 그런데 이 이미지는 입양하는 주체, 즉 입양기관과 입양 부모의 경험과 언설로부터 흘러나오고 형성된 것이다. 이는 '입양 삼자'의 세 솥 발 중 입양 부모의 발이 엄청나게 길어져 있다는 것을 의미한다. 실제로 한국의 경우 해외 입양이 시작된 1950년대부터 현재에 이르기까지, 입양의 이미지는 '극진한 찬사'로 덧입혀져 있다. 언론과 정부와 입양기관은 입양을 홍보하고 장려했다. 미디어는 끊임없이 입양의 핵심 메시지로 '사랑의 서사'를 장구한 세월 동안 재현하고 있다. 심지어 최근 몇 년 사이 어떤 입양기관은 아동 빈곤 해결과 돌봄을 위한 후원금을 서울시에 제공했다. 그렇게 함으로써 그 기관 사무실이 위치한 부근 지하철역 이름을 그 기관의 이름으로 불리도록 하고 있다. 공공적 층위 혹은 대중적 생활세계 한가운데서, 입양의 '극진한 찬사의 이미지'가 승리의 찬가를 부르는 형국이다. 매년 입양기관의 문전으로 몇몇 유명 연예인의 후원이 밀려들고, 그들은 선의

---

2) 국가 간 입양실천을 어떻게 아동 인권 친화적으로 체계화 할 것인지에 대해서 세계적으로 명망이 높은 컨설턴트이자 제네바 대학교에서 아동인권 분야를 가르치는 교수인 나이젤 켄트웰(Nigel Cantwell)은 최근 뿌리의집이 발간한 이경은 박사의 영문 저서 "*The Global Orphan Adoption System. South Korea's Impact on Its Origin and Development*"의 추천사를 보내왔다. 여기에서도 그는 국가 간 입양에 대한 극진한 찬사의 이미지(the glowing image)가 국가 간 아동의 입양을 끊임없이 추동해온 힘이며, 국가 간 입양의 실체를 심층적으로 규명하는 일에 핵심적인 걸림돌이 되고 있다는 점을 언급하고 있다.

에 기초해서 아동에 대한 깊은 돌봄과 사랑으로 연대한다. 이들은 흘러나오는 사랑의 마음으로 입양 보내어질 아동 화보 작업에 참여한다. 그리고 '그 아름다운 사진'은 SNS와 언론으로 흘러들고, 그들이 넉넉하게 지니고 있었던 명망은 선함과 사랑의 이미지로 부지불식간에 덧입게 되곤 한다. 입양기관과 입양 부모가 중심이 되어 만든 입양의 언설은 우리 사회의 이런 상징 권력이 된 지 오래다.

2) 입양아동(입양인)의 경험

다른 한 편으로, 입양되는 아동이 직면한 '이별과 상실separation and loss'에 관한 언어와 이미지는 '입양'이라는 단어의 발화發話 혹은 화용話用 세계 안에서 한쪽 구석으로 내몰려 있었다. 오랜 세월 동안 입양인의 성공 서사가 언론 환경에서 유통되고 소비되었다. 그런데 사실 이는 '입양하는' 주체의 연합인 입양기관과 입양제도, 그리고 입양 부모의 성공적 양육에 관한 찬사의 제물로 바쳐진 서사였다. 이런 점에서 자신의 서사였다기보다는 입양 삼자 중 입양기관과 입양 부모에게 복무하는 서사일 뿐이었다. 최근에 입양인이 시민권 박탈로 추방되는 사건에 관한 이야기나, 가족 찾기의 비극적 서사가 버무려진 입양인과 친생 가족의 눈물 언어가 등장한다. 하지만 입양 삼자의 균형을 제대로 잡기에는 아직도 갈 길이 멀어 보인다. 그럴 뿐 아니라 입양에 연루된 자신의 고유하고 진정성 깃든 경험을 드러내는 입양인의 문학이나 예술에 대해서 입양기관이나 입양 부모의 공격은 종종 메시지가 아니라 메신저를 향한다. 이들은 입양인의 문학적 언어, 예술적 메시지를 경청하는 대신, 입양인을 '앵그리 어답티angry adoptee'라고 매도한다. 그렇게 함으로써 메시지에 깃든 고유한 힘과 진정성을 끊임없이 폄하시키는 것이 현실이다. 그만큼 입양 삼자의 세 솥발 중, 입양아동(입양인)의 경험, 특히 그들의 비극적 삶에 대한 경험은 입양 부모의 '사랑의 서사'를 무너뜨리는 위험으로 간주하거나 금기의 이름으로 포박되어 담론 세계의 한쪽 구석에 버려지고 있다고 해도 과언이 아니다.

3) 친생부모의 경험

사실 입양 삼자의 또 다른 주체인 친생부모의 목소리와 경험은 '입양'이라는 언설 환경에서 거의 부재하거나, 간헐적으로 작은 신음이 들릴 뿐이다. 친생부모는 사회적 목소리와 얼굴을 잃은 사람으로 존재할 뿐이다. 입양 삼자의 일원으로 입양실천의 절차와 과정에서 자신을 은폐하기도 한다. 또한 입양 삼자의 주체로서 담론 지평의 균형을 회복하고자 목소리를 내는 일이 간단치 않은 현실이다. 사실 이들이 경험하는 입양 서사의 원초적 출발지점에는 미혼 임신에 대한 가부장제의 무차별적 공격, 파트너의 배신, 가족과 사회의 비난과 내침, 일자리의 상실, 거리에서의 생존 투쟁 등등 거칠고 험한 삶에 종종 얽혀 있을 수도 있다. 물론 다 그런 것은 아니다. 재난의 내습에도 불구하고 꿋꿋하게 자기의 삶을 일으켜 세우고 아이와 함께 가정을 이루고 생의 여정을 힘차게 열어가는 미혼부모도 있다. 그러나 재난의 내습은 결국 모성과 아동의 이별 그리고 상실로 이끌고, 그것은 소위 입양이라는 낯선 문이 열리는 지점이다. 아이를 입양이라는 이름으로 떠나보낸 모성은 이별과 상실이라는 재난적 상황을 디디고 일어설 애도의 권리[3]를 상실한 채, 우리 사회의 내부 난민으로 숨어들어야 한다. 자기 삶의 가장 중대한 진실을 은폐해야만 살아남을 수 있기에, 진정한 애도와 회복의 시간과 공간을 가족과 사회로부터 선물 받지 못한 채로, 분열된 자아를 안고 과거를 감추는 신분 세탁의 낯설고 자기 모순적 옷을 입고 살아가도록 강요당한다. 그리고 이 사태에 관련된 자신의 경험과 아픔을 말해야 할 발언력은 완전히 빼앗긴 채로 살아야만 한다. 질기고 험한 가부장제 가치체계와 화려한 언변으로 입양을 옹호하는 입양기관과 입양 부모 중심의 입양에 대한 '극진한 찬사의 이미지glowing image'에 억눌려 숨을 죽여야만 한다.

이렇듯 입양 삼자, 즉 입양실천의 삼발이 솥단지의 두 다리인 입양인(입양아동)의 경험과 목소리, 그리고 친생부모의 상처와 비극에 대한 언설은 미약하고 부재하다. 그래서 결국 이 입양이란 솥단지는 한쪽으로 기울어져 70년 동안 제 기능을 못 하고 있는데도, 우리 땅에서 극진한 찬사가 깃든 입양 노래는 국가와 입양기관, 입양 부모, 언론의 합창으로 여전히 울려 퍼지고 있다. 기울어진 솥단지에서 음식을 하면, 음식은

---

3) 영문학자 민은경은 그녀의 논문 「정체성을 보존할 권리와 애도할 권리」(여성문학연구 53호, 10~41쪽)에서 "한국의 해외입양 역사에서 애도할 권리가 인정되지 않은 주체는 입양아동뿐만이 아니다. 친모를 상실한 입양인들의 애도와 갈구를 인정함과 동시에, 친모 역시 친모로서의 정체성을 박탈당하고 아동을 애도할 권리를 빼앗긴 것은 아닌지 사회와 국가가 되돌아봐야 할 것이라."라고 말하고 있다.

와르르 쏟아지듯, 바로 이 사태가 재난이다.

선희 엥엘스토프트 감독의 다큐 〈포겟 미 낫-엄마에게 쓰는 편지〉는 바로 이와 같은 사태를 교정하는 힘을 지니는 영화다. 감독은 어린 엄마의 보호처로 일컬어지고 있던 미혼모의 집으로 들어가 2년 동안 숙식을 같이하며, 어린 엄마의 임신과 출산과 수유, 그리고 그들의 이별과 상실의 애환을 필름에 담았다. 그녀는 입양 삼자의 담론 세계에서 그동안 철저하게 침묵하도록 내몰린 친생모의 목소리를 담아낸다. 동시에 70년의 긴 세월 동안 기울어진 입양실천의 세 주체로 기능해온 기독교와 입양기관, 그리고 가부장제를 소환하고, 이별과 상실의 현실을 기회로 삼아 그들이 어떤 모습으로 현현하고 있는지 선연하게 드러낸다. 이 일을 통해서 선희 감독의 이 영화는 '입양 삼자adoption Triad'의 가장 약한 삼발이 솥단지의 어린 엄마 편 솥발을 세워내는 일에 힘을 보탠다. 이별과 상실의 상흔을 공유하는 입양인과 친생부모의 연대하는 힘이 결국 입양 부모와 입양기관에 부여하는 '극진한 찬사의 이미지the glowing image'를 성공적으로 입양 삼자의 균형을 바로잡아 낼 수 있을까?

이런 질문을 던지면서 다음 장에서는 다큐멘터리 내용의 시퀀스 Sequence를 따라 살펴보기로 한다. 실제로 미혼모의 집으로 찾아와 한국 입양실천에 구체적으로 개입하는 세 행동 단위인 기독교와 입양기관, 그리고 친생모의 가족이 어린 엄마에게 어떤 방식으로 개입하고, 무엇을 어린 엄마에게 남기는지를 살펴보기로 하자.

2. 기독교, 입양기관 그리고 가부장제 가족

이 다큐멘터리 〈포겟 미 낫-엄마에게 쓰는 편지〉는 이른 바 어린 엄마들을 보호하고 있는 미혼모의 집에서 벌어지는 이야기이다. 집은 무엇인가? 집은 내가 '나'여서 편안한 곳이리라. 내 존재를 있는 그대로 인정받고, 내가 내 의지와 바람을 좇아 나의 삶을 구성해가고자 할 때, 지지와 조력을 받을 수 있는 곳이라야 집이라 부를 수 있을 것이다. 비록 모든 미혼모가 그러하지는 않을지라도, 어린 엄마들은 대체로 자신이 미혼임에도 임신을 했다는 사실을 재난으로 간주하는 사회로부터 자신을 숨기는 피난처로 미혼모의 집을 찾는다. 이 영화가 보여주는 것처럼 어린 엄마들은 미혼모의 집에서 임신한 몸을 추스른다. 임신일기를 쓰기도 하고, 태교라는 이름으로 그림 그리기를 하거나 음악을 듣기도 하고, 태중 아이와 엄마의 상호 적응을 돕는 몸 다스림 활동도 한다. 어린 엄마들은 만삭 사진이 소용없으리라는 것에 혼란과 자조를 느끼면서도, 출산이 임박하면 '만삭 사진'을 찍으러 가서 임산부로서 아름다움과 신비에 취해보기도 한다. 무엇보다도 미혼모 집의 핵심 과제인 '아이 장래 결정'을 위해 사회복지사와 상담하며 어린 엄마들은 '도무지 결정을 내리지 못하는 마음'을 가지고 들어간다. 결코 끝날 수 없는 상담, 어떤 결론도 아기의 장래에 대한 반듯한 약속이 될 수 없다는 것을 느끼며, 어린 엄마들은 깊은 바닷속을 헤엄치는 듯 심하게 흔들리는 날들을 그곳에서 보낸다.

마침내 재난처럼 날이 닥치고 아이가 태어나면, 어떤 날은 기독교 목사가, 어떤 날은 입양기관의 사회복지사가, 어떤 날은 아이의 조모와 조부가 들이닥친다. 그리고 아직 사실상 아무런 결정을 내리지 못한 어린 엄마들로부터 아이들을 받아 안고 순식간에 사라져 버린다. 어린 엄마들은 홀로 남는다. 이것이 미혼모의 집 일상이자 실재다. 어쩌면 이곳은 집으로 알려진 만큼 집이 아닌 곳, 어린 엄마들의 혼란과 눈물을 거두어 주는 곳이라기보다는 이별과 상실을 조금 덜 과격하게 겪도록 도와주는 진통제 비슷한 곳이다. 아픔은 다시 찾아오고 트라우마는 오래 갈 것이기 때문이다.4)

1) 기독교의 사랑(?)

이 다큐멘터리에서 아동과 모성이 분리와 이별을 겪는 첫 장면은 한 목사 부부가 이 미혼모의 집을 찾아와 아이를 데리고 가는 사건에서다. 입양이 아니라 위탁의 이름으로 아이를 데리고 가지만 사실상 엄마와 아동 사이의 분리와 이별의 사건이라는 점에서는 입양의 경우와 본질에 있어서 다르지 않다. 엄마는 아이를 목사 부부에게 건네주는 주체로서

---

4) '미혼모의 집'들은 미혼모들의 선택, 즉, 양육과 입양 그 어느 쪽을 결정하든지, 그들의 결정을 존중하는 곳으로 알려졌지만, 이 다큐멘터리에서 볼 수 있듯, 어린 엄마들은 충분한 보호를 받지 못한 채로, 혼란 가운데서 혹은 사실상 미결정 상태의 장기지속 안에서 살 뿐이다. 자기가 낳은 아이를 단칼에 포기하는 엄마는 없으리라. 이런 미결정 상태에 있는 무방비 상태의 어린 엄마들에게 기독교 목사와 입양기관 사회복지사, 어린 엄마에게서 아이를 떼어 놓으려는 부모들에게 적극적 편의를 제공하는 곳임을 알아챌 수 있다. 결국 '미혼모의 집'이 진정한 의미에서 어린 엄마들의 집인가, 진정한 보호처인가 하는 점에서 는 의구심이 있을 수 있다.

가 아니라, 사회복지사가 엄마를 대신해서 아이를 건네주는 장면을 지켜볼 뿐이다.

'아기에게로 다가가 마지막 이별의 인사를 나누라'라는 사회복지사의 권고를 따라, 어린 엄마는 이미 목사 부인의 품에 안겨 있는 아이에게 다가가 울음을 터뜨린다. 이때 목사는 어린 엄마의 어깨에 손을 얹어 아이로부터 떼어 낸 후, 기도하자고 한다. 그 순간은 '기도의 시간'이 아니라 이별로 절절하게 슬퍼하는 '그녀의 마음에 대한 깊은 공감과 참된 연민의 시간'이어야 했다. 그러나 진정한 공감과 연민이 우러나오는 순간 목사는 자신의 목적, 즉 아이를 엄마로부터 떼어내어 데리고 갈 수가 없다. 목사는 공허한 기도의 말로 공감과 연민의 출현을 회피하고 억압한다. 목사의 공허한 종교적 수사는 혼란으로 요동치는 어린 엄마의 통렬한 마음에 다가가지 못한다. 대신에 미혼모의 집 위로 펼쳐진 푸른 하늘을 가로질러 흐르는 구름과 함께 허무하게 사라질 뿐이다.

바로 이런 사건에 대해서 한나 아렌트는 "기독교적 사랑은 무차별적이며, 개인들의 차이를 괄호 안에 넣는다"라고 말하면서 기독교적 사랑의 진정성을 의심한다. 그녀는 "기독교인은 모든 사람을 사랑할 수 있는데, 그 이유는 각각의 사람이 오직 기회에 불과하기 때문이다. 적, 그리고 심지어 죄인조차도 사랑을 발휘할 기회에 불과하다. 이와 같은 이웃에 대한 사랑에서 실제로 사랑받는 사람은 이웃이 아니다. 그것은 사랑 그 자체일 뿐이다"라며 신랄하게 기독교 사랑의 행태가 지니는 전형적인 실패를 신랄하게 지적한다.[5]

---

5) 한나 아렌트, 서유경 옮김, 『사랑 개념과 성 아우구스티누스』 (텍스트, 2015),

맞는 말이다. 목사는 이 어린 엄마의 개인적 삶의 여정이 어떤 경로를 지나왔고, 어느 경로로 나아갈 것인지에 대해서 전혀 관심이 없다. '우리가 사는 곳이 멀지 않으니 가끔 들리라'고 지나가는 말을 하기는 한다. 그러나 그 말은 이 어린 엄마가 직면한 진정한 아픔과 혼란이 무엇인지 관심도 없고 상응하지도 않아, 목회적 수고를 전혀 기울이지 않는다는 걸 보여줄 뿐이다. 오직 아기를 데려가서 키우려는 자신 안에 있는 사랑을 실천하는 삶의 광휘光輝에만 사로잡혀 있다.

돌아서서 무너지는 걸음을 걷는 어린 엄마는 자신이 머물던 방으로 들어가 온몸을 던져 흐느낀다. 감독은 어린 엄마의 실룩거리는 어깨의 움직임을 따라 카메라를 비추며 따라 들어가서 잠깐 흐느낌을 카메라에 담는다. 그러다가 어린 엄마의 슬픔이 자신 안에 일렁이며 밀려드는 상황을 제어하지 못한다. 감독은 내면의 균형을 잃고, 촬영자로서 본분을 잊은 채 카메라를 거칠게 바닥에 팽개치다시피 한다. 그리고 어린 엄마를 꼭, 그리고 오래 안아 품는다.

기독교 사랑의 이름으로 목사와 그의 부인은 어린 엄마에게 다가와 아이를 데리고 갈 뿐이다. 그게 그의 목적이기 때문이다. 혹시라도 그가 이와 같은 자신의 행위를 사랑이라고 이름했다면(그럴 개연성이 매우 높은데), 이 사랑은 엄마를 향한 게 아니라 아이를 돌보는 주체인 자기를 향한 사랑이고, 결국 자기 존재를 긍정하는 과정일 뿐이다. 분리와 이별의 슬픔에 내동댕이쳐진 개별적 존재인 그 엄마에게 주어진 사랑은 추호도 없었다. 어린 엄마의 구체적이고 특정한 슬픔을 단호히 외면함으로써만

171쪽. 김현경, 『사람, 장소, 환대』(문학과 지성사, 2015), 175쪽에서 재인용.

목사의 아동 획득은 성립할 수 있었다.

국가 간 입양과 기독교

국가 간 입양은 2차 세계대전 직후에 시작되었다. 미군 주둔지였던 그리스와 이탈리아, 독일과 일본 등지에서 미군과 현지 여성 사이에서 출생한 아동을 미국으로 데리고 들어오는 일이 그 시작이었다. 여기에는 무슨 기독교 사랑의 실천이나 민간의 주체적이고 적극적인 개입이 두드러지게 나타나는 것은 아니다. 미국이 독일 나치 세력의 유럽 점령과 일본의 동아시아 점령을 퇴치하는 숭고한(?) 전쟁에서 부수적으로 발생한 장병의 도덕성 실패를 수습하는 일 정도였다고 할 수 있다.

본격적인 의미에서 현대의 국가 간 입양은 한국전쟁 후 한국과 미국 사이에서 탄생했다고 할 수 있다. 그런 점에서 한국은 송출국sending country으로서, 미국은 수령국receiving country으로서 국제 입양이라는 기이한 아동 양육 방식(초국가적 아동 양육 실험)의 종주국이 되었다. 국가 간 입양은 미국주의자이며, 기독교 근본주의 신념을 지니고 있었던 민간인 해리 홀트Harry Holt 씨에 의해서 추동되었고 사실상 탄생하였다. 미국이나 한국의 입양기관과 실천가는 대부분 기독교(개신교와 가톨릭)에 뿌리를 두고 있었다. 한국의 홀트아동복지회와 동방사회복지회가 기독교인에 의해 설립된 기관이었으며, 대한사회복지회의 지도자 역시 대부분 기독교인이었다. 미국 협약의 파트너 역시 홀트인터내셔날, 가톨릭채리티즈, 루터란소셜서비스 등을 비롯한 입양기관이 대부분 기독교를 모태로 하는 기관들이다.

입양기관의 미션 스테이트먼트나 입양실천가의 언설은 국가 간 입양이 그리스도인으로서 사랑의 실천임을 끊임없이 확언했다. 그리고 입양에 연루되는 모든 사람-친생 가족 특히 친생모, 입양 부모, 심지어 입양인, 그리고 입양실천가인 사회복지사, 나아가 언론과 정부, 전 사회적으로 국제 입양은 '찬사를 받아 마땅한 아름다운 사랑의 실천'임을 각인시키고, 우리의 뇌를 씻고 훈련 시켰다. 그래서 누군가가 이 국가 간 입양(그 사실상의 복제품에 다름 아닌 국내 입양까지도)의 '극진한 찬사의 이미지glowing image'에 부정적인 언사를 터뜨리기라도 하려 하면, 몰매를 맞을 각오를 해야 할 지경에 이르기까지 했다. 국가가 민족주의로 무장한 '상상의 공동체'가 된 일이 인류사에 깊은 상처를 입혔듯, 선진국의 가족이나 한 국가 내부의 중산층 가족이 기독교 사랑의 이름으로 무장된 "상상의 가족"[6]의 지위에 오르는 일이 제도적 층위에서 보장되는 일은 위험하다.

오늘날 미국 복음주의 기독교는 종종 사랑의 이름으로 조력자가 되려는 대신 자신이 구원의 주체이자 '선한 영향력'을 행사하는 주인공이 되려는 사람들의 공동체처럼 보인다. 특히 국가 간 입양에서 그들의 이런 모습이 드러난다. 그들은 재난의 현장에 달려가서 아이들을 입양하고자 한다. 쓰나미가 덮친 인도네시아 아체에도 가고, 아이티 대지진의 현장에도 갔다. 동일본 대지진이 났을 때도, 네팔에서 지진으로 도시가

---

6) 『과거 해외입양절차 인권침해사례 보고서』(뿌리의집, 2021)에서 김재민 박사가 해외의 입양 가족이 최선의 해결책이리라고 믿고 주장하는 방식에 대해서 사용하는 "상상된 가족(Imagined Family)"에서 차용한 말이다. 민족주의 국가 공동체를 "상상의 공동체(Imagined Communities)"로 명명한 베네딕트 앤더슨의 담론에 상응하는 조어의 방식인 셈이다.

무너졌을 때도 그들은 재난의 현장으로 재빠르게 달려 들어갔다. 거기서 재난의 한가운데 내몰린 마을에서, 혹은 재난으로 허우적거리는 부모들을 향해 아이를 입양하겠다고 나섰다. 아이들의 부모나 그 지역의 자치정부나 국가가 '입양'을 통한 도움을 요청한 적이 없어도, 그들은 재난을 당한 곳마다 달려가서 입양 사업을 벌인다. 심지어 그들은 무슬림의 자녀를 입양해서 기독교도로 만드는 것이 복음의 사명을 성취하는 것이라고 믿기까지 한다. 아동의 문화와 언어와 사회관계와 종교를 박탈하고 세탁하는 일을 과업으로 여기는 사람들이었다.

그들은 비참한 상황에 내몰린 여성과 아동이 분리와 이별을 겪지 않을 수 있도록 돕는 '조력자'로서 삶을 살아 본 경험이 없는 사람들처럼 보였다. 재난 가운데 내어 몰린 아동과 그 부모와 지역사회, 재난에 고통받는 국가들을 도와 아이들이 부모와 이별하지 않고, 언어와 문화의 경계를 넘어 낯선 나라와 인종주의에 직면하지 않아도 살 수 있는 수백 가지 방법이 있었음에도[7], 그들은 오직 입양만이 해답인 것처럼 행동하는 사람들이었다. 기독교인이 중심이 된 한국 입양기관과 한국의 입양 담론 역시 이와 다르지 않았고, 어린 엄마에게서 아이를 기독교 사랑의 이름으로 데리고 나간 목사도 이 흐름 위에 서 있는 것처럼 보인다.

---

7) 캐서린 조이스, 『구원과 밀매』(뿌리의집, 2014), 396쪽. 세계적인 국제 입양 운동의 물결을 이끌었던 새들백 교회의 릭 웨렌 목사는 새들백 교회가 벌였던 국제 입양 운동을 회고적으로 성찰하는 자리에서, 입양이 아니어도 아동을 돕는 길은 여러 가지가 있다는 발언을 한다. 그런데도 미국 복음주의 기독교권에서는 여전히 곤경에 처한 아동의 삶에 대한 기독인의 실천으로서 국제 입양을 유일한 대안으로 여기고 있는 것처럼 보인다.

2) 입양기관의 욕망

이 다큐멘터리에서 두 번째로 아이를 데리고 가는 주체는 입양기관의 사회복지사다. 서울에서 비행기를 타고 온 여성 사회복지사는 미혼모의 집 도착한 후, 아직 마음을 정하지 못해서 많이 흔들리고 있는 한 어린 엄마와 둘만의 시간을 가진다. 아이와의 분리와 이별 앞에 놓인 여성은 그 누구라도 깊은 혼란과 좌절과 슬픔에 휩싸여 있기 마련이며, 명징한 이성으로 충분히 숙고한 판단을 내리기가 어렵다. 40여 분의 시간이 흐른 후, 입양기관의 사회복지사는 드디어 미션에 성공한다. 어린 엄마로부터 입양 동의를 마침내 받아낸다. 입양기관의 사회복지사를 태운 차량은 공항을 향해 질주한다. 공항에 도착하자 아이를 무슨 보물인 양 포대기에 감싸 안은 채로, 사회복지사는 안으로 도망가듯 총총히 사라진다. 무언가를 훔친 사람처럼, 엄마가 뒤따라와서 "아니라고, 아이를 보내지 않겠다"라고 부르짖는 엄마의 환청을 피해 달아나는 사람처럼 서두르는 모습이 화면에 절묘하게 담긴다.

〈포겟 미 낫-엄마에게 보낸 편지〉의 상영회를 마치고 열린 어느 날, 감독과의 대화 자리에서 선희 감독은 '왜 그 방에 어린 엄마와 입양기관의 사회복지사만 앉아 있어야 했는지'에 대해서 물으며 비통한 마음을 토로했다. 감독은 왜 거기에 조력자가 없는가를 물었다. 바로 그때야말로 그 어린 엄마에게는 조력자가 있어야 했다는 것이다. 그때 그 어린 엄마에게는 부모도, 미혼모의 집 사회복지사도 곁에 있어 주지 않았다. 거기에서 무슨 이야기가 오고 갔는지는 어린 엄마와 입양기관의 사회복지사만이 알고 있을 뿐이다. 낚시꾼이 밑밥을 문 물고기를 어르듯, 입양기관의 사회복지사는 아동 획득의 목적을 성공시켜야만 유능한 직원이 될 수 있고, 가족의 생계를 이어가는 존재가 될 수 있었을 것이다. 아동 획득, 바로 그것 때문에 회사로부터 미션을 받고, 회사가 지급한 직무수행비인 항공료를 내고 그 미혼모의 집까지 내려왔으니 말이다.

수많은 미혼모의 증언에 의하면, 입양기관의 사회복지사는 '내가 무엇을 도와주면 좋겠냐'고 묻지 않는다. 엄마의 진정한 욕구에 대해 조력하는 것이 그들의 목적도 아니고 그럴 능력도 안 되기 때문이다. 엄마는 아이를 키우고 싶다고 말할 수 있을 것이다. 그것이 엄마의 진정한 욕구일 수 있다. 그러나 그런 상황이 벌어지면, 입양기관의 사회복지사는 뒤로 물러가 빈손으로 비행기를 탈 수밖에 없다. 입양기관의 사회복지사들은 아이를 포기시키기 위해, 오직 그것만을 위해, 대화를 이어갔으리라. 널리 유포된 이야기 중의 하나를 들라면, 아마도 다음과 같은 이야기가 오갔을 수도 있다.

네가 아이를 사랑하니? 아이를 사랑하기에 네가 아이를 키운다면, 넌 좋은 부모가 될 수 있겠니? 이곳을 나가면 너는 갈 곳도 없지 않니? 아마도 고시원 같은 곳? 그런 곳으로 네가 사랑하는 아이를 데리고 가서 키우는 것이 아이를 사랑하는 일일까? 너는 교육도 모자라고, 돈도 없잖아. 아이에게 아빠도 없잖아. 네가 아이를 키우겠다고 고집하는 것은 너무 이기적이야. 아이는 생각하지 않고 너만 생각하는 것이야. 이 아이를 입양하려는 가정들이 기다리고 있어. 네 아이의 아빠가 되기로 하고 기다리는 아이의 예비 아빠는 변호사이고, 엄마는 의사야. 아이는 미국으로 입양 가서 살 것이고 이 아이가 살 집에는 수영장도 있어. 요트와 스키를 타면서 성장하게 될 것이고, 사립학교에서 교육을 받을 거야. 아이가 공부를 좀 하면, 하버드대학교에도 보내줄 수 있는 부모야. 그분들의 품에서 자라게 하는 것이 이 아이를 네가 진정으로 사랑하는 길이야.

이런 흐름을 이어서 심지어 구미 국가에서 한국 아동을 입양한 입양 부모는 이런 엄마들을 영웅화하곤 한다. 아이의 행복을 위해서 엄마의 욕망(모성)을 기꺼이 내려놓은 거룩한 희생자의 이미지를 일방적으로 덧씌운다. 대부분 엄마는 찬사를 얻기 위해서 희생을 하기로 결단한 일도 없다. 뿐만 아니라 그냥 막다른 골목에 내어 몰렸을 때, 진정성 깃든 조력을 받지 못한 상황 그 자체이다. 이런 종류의 거룩한 희생자의 이미지를 담은 훈장을 지니고 남은 생을 살아갈 수는 없는 천부당만부당한 일일 뿐이다. 이런 영웅 만들기는 입양의 프로세스 안에서 아이를 놓친 엄마들에 대한 모욕이며, 서구 입양 부모들의 교활한 자기만족 행위이자 천박한 발화發話일 뿐이다.

아동 분리 상담은 국가의 공적 직무

아동과의 이별 그리고 상실의 위기에 내어 몰린 엄마들은 국가의 조력을 받을 권리가 있다. 1985년 여성차별철폐협약에 가입하면서 한국 정부는 여성의 임신, 출산, 양육에 조력할 의무를 지겠다고 약속했다. 그러나 민간 입양기관이 68년 동안 해외 입양을 실천하도록 허용해온 까닭에 임신, 출산, 양육의 위기에 내어 몰린 여성은 국가가 아닌 민간 기관의 사회복지체계와 실천 안에서 아이와의 이별과 상실을 겪어야 했다. 2021년 6월 30일에 이르러서야 비로소 정부는 지자체에 아동보호 전담요원을 배치하고 이 최초 아동 분리의 위기에 대한 상담과 조력의 의무를 걸머지기로 했다. 민간 입양기관의 사회복지사는 최초 상담을 할 수 없도록 법제화하였고, 이 일을 국가의 공무 체계가 담당하게 된 것이다.

조력자는 도움을 받는 자의 존재성이 고양되도록 조력한다. 조력자는 가능한 국가 자원을 동원해서 임대주택을 마련하고, 생계 급여와 아동 양육 수당과 단독 양육모나 청소년 양육모(부)에게 제공하는 경제적 지원에 대해서도 상세하게 설명하고 실제로 그런 과정 자체가 구체화하도록 실질적으로 돕는다. 그런 점에서 최초의 위기가정 상담은 아동 획득만을 목적으로 하는 입양기관에 맡겨둬서는 안 된다는 것이 너무나도 당연한 일이다. 국가 시스템 가운데서 역량과 자원을 동원할 수 있는 국가의 공무 체계 가운데 있는 공무원 사회복지사가 상담하고 조력하는 일을 통해서 모성과 아동의 비극적 이별과 상실은 예방할 수 있다. 이것은 유엔아동권리협약과 헤이그국제아동입양협약이 비타협적으로 선언하고 있다. 이는 인류 공동체를 향한 가이드 라인으로 삼고 있는 입양 절차에 국가가 개입해야 한다는 공적 책무의 원칙이다.

나아가 아동의 입양에 관한 세계적 합의, 인류 공동체의 지혜에 기초한 합의 중의 하나는, 단독 양육모(부)를 비롯한 위기가정에 대한 지원을 강화해서 할 수만 있다면 아동이 원가정에서 성장할 권리를 보장해줘야 한다는 '원가정 보호의 원칙'이다. 분리와 이별을 최소화하라는 것이다.

그러나 불가피하게 분리가 된 아동이 발생한다면 그 경우에도 원가정으로 복귀할 수 있는 정책과 제도를 발전시킬 것을 권고한다. 원가정 복귀가 가능하기 위해서는 아동을 급하게 친생부모와 완전하게 단절시키는 입양보다는 위탁가정에서 보호하면서 친생모부의 성장과 강화는 물론 아이와 면접교섭권의 보장을 통해 아동과 친생부모 사이의 애착이 형성하도록 기회를 제공해야 한다. 그런데도 대체로 부모가 중대한 마약 중독, 가정 폭력, 소아 성애, 회복 불가능한 알코올 중독 등 아동 양육의 자격이 전혀 안 되는 경우 법원의 판단에 따라 아동의 분리를 선언해야 한다. 그런 경우 대체로는 아동 입양의 불가피성이 성립할 수 있고, 그것을 아동 최선의 이익에 따른 입양 적격성 판단이라고 하는 것인 바, 이 판단은 입양을 통해 이익을 추구하는 민간 입양기관이 아닌, 국가의 직무로서 국가가 판단을 내려야 하는 일이다. 물론 이때 아동은 국가가 관리 감독하는 위탁가정에 보호 배치되어야 한다. 국가는 부모를 이탈한 아동의 부모이기 때문이다. 그리고 개별 아동의 상황에 잘 맞는 개별 입양 가정을 물색해서, 그 가정이 입양에 적격한지를 판단한 후, 아동과 가정을 결연해줘야 하고, 최종 절차로서 가정법원의 판결을 통해 가정을 구성하도록 허락해야 한다. 나아가 이렇게 이루어진 가정의 경우에도 아동이 새 가정에서 적절하게 양육되고 있는지를 살피고 양육에 대해 지원하기 위한 사후적 조력을 국가가 제공해야 한다. 국가의 직무는 바로 이런 원가정 보호의 원칙, 아동 최상 이익의 원칙, 보충성의 원칙들을 지키고 수행하는 것이고, 그 직무를 수행하는 기구로서 국가 공무 체계를 구축해야 한다. 바로 이 공무 체계가 아동입양적격성 판단과 입양부모적격성 판단과 아동과 입양가정의 결연 등 입양의 전 과정을 책임지도록 하는 것, 이것이 유엔아동권리협약과 헤이그국제아동입양협약이 제시하는 가이드 라인이라 할 수 있다.

그러나 한국은 지난 68년간 '아동판매국가'였고, 지금도 그렇다. 아동한 명당 한 사람의 연봉을 상회하는 입양 수수료를 해외로부터 받으면서 (2020년 무렵은 3~4천만 원), 20만 명이 넘는 아동을 해외로 내보냈다. 이와 같은 일이 가능하기 위해서는 두 가지가 필요했다. 하나는 아동의 대량 송출이 가능하도록 민간 입양기관이 산업화하는 길을 열어주는 일이었다. 다른 하나는 입양이 선하고 아름다운 일이라는 거대 담론, 즉 '극진한 찬사의 이미지the glowing image'를 국민의 뇌리에 박히게 하는 일이었다. 한국은 두 가지에 성공한 나라가 되었고, 세계 최대이자 최장기 아동 송출국의 지위를 70년 동안 누리고 있고, 아직도 그 명망이 시들지 않고 있다. 2020년 세계적으로 코로나19가 창궐하던 시기에도 자국의 아동을 해외로 입양 보낸 나라로서 세계 3위에 오르는 기염 아닌 기염을 토한 나라였다. 방역을 가장 잘하는 나라 중의 하나였고, K-방역이라는 국가적 자긍심을 뽐내는 정부를 가진 나라였다. 바로 그런 나라가 코로나19가 창궐하는 미국과 유럽의 여러 나라로 자국의 어린 생명을 들여보내는 잔혹한 나라였다. 위험의 외주화와 다름없다. 아이들을 험지에 보내어 가혹한 성장 노동에 시달리게 하는 대신, 한 아이당 3~4만 달러의 입양 수수료를 챙기는 나라다. 2021년에도 다르지 않은 상황이 진행되고 있다.

바로 이런 상황을 타개하기 위해서 현재 헤이그국제아동협약의 가이드 라인에 어울리는 법안이 발의되어 있지만, 프로 어답셔니스트proadoptionist 입양 이데올로기가 재난처럼 치고 들어와 법안의 통과를 가로막고 있다. 그 사이에 아이들의 생명은 죽어가고 있다. 2014년 미국 메릴랜드 주로 입양 보내어진 현수가 죽었고, 2015년 울산의 사랑이가 죽었다. 2016년에는 대구의 은비, 2020년에는 양천구의 정인이, 그리고 2021년 화성의 민영이가 죽었다. 입양기관이 아동 판매사업을 펼치는 동안 아이들은 죽어가고 있다.

3) 가부장의 권력

세 번째로 이 다큐멘터리에서 어린 엄마가 아이와 분리되고 상실하게 되는 사건은 가족에 의해서 일어난다. 가족은 모든 구성원에게 집이고 집이어야 한다. 그러나 가부장제 권력과 존엄에 손상을 가하는 사건의 경우, 가족은 폭력이 난무하는 삶의 자리가 되고 만다. 이 다큐멘터리의 세 번째 엄마는 양육의 의지에 있어 초지일관 변함이 없다. 어린 엄마는 엄마에게 일찍 임신 사실을 말하면 낙태를 강요당할 줄 알고, 낙태할 수 없는 임신 7~8개월에 이르러서야 엄마에게 사실을 말한다.

그러나 아이를 출산하자마자 어린 엄마의 친모와 의붓아버지는 막 태어난 아기에게는 조부모인 자기의 가족관계등록부로 아이를 등재하고 양육을 책임지겠다고 나선다. 어린 엄마는 아이를 집으로 데리고 돌아가지만, 아이에게 젖을 물릴 수도 없고, 심지어 안아볼 수도 없게 된다. 친모와 의붓아버지의 강력한 통제하에 들어가 신분 세탁을 강요당한다. 결국 아이는 부모님의 아이로 출생 등록이 되고 법적으로 엄마는 아이의 누나가 된다. 양육의 현실에서 철저하게 배제당하고, 국가의 신분 기록상 어머니의 자격을 빼앗긴다. 친모나 의붓아버지는 딸을 사랑하는 마음이 동기가 되어 이런 낯선 짐을 선의로 걸머지지만, 어린 엄마는 이 모든 과정에 결단코 동의하지 않는다. 그러나 결국 어린 엄마는 부모의 가부장적 권력의 강요 아래에서 자신의 모성을 박탈당하고 만다. 삶의 무의미와 혼란에 내어 몰린 어린 엄마는 집을 떠나고 다시 홈리스가 된다.

가장 조력이 필요한 때에 가족은 조력자가 되기보다는, 사태 해결의 주체로 나서며, 어린 엄마는 가족 안에서 가장 힘없는 자로, 자기 결정권을 부인당한 채로 자신이 꿈꾸는 삶, 즉 아이를 스스로 키우는 삶으로부터, 나아가 자신이 낳은 아이로부터 소외된다. 조력은 주체의 의사와 욕구를 존중하고, 힘이 되어주는 일이다. 그러나 가부장제 권력을 장착한 아버지는 전능한 결정권 행사에 너무도 익숙하기에, 다른 가족 구성원의 자기 결정권, 즉 어린 엄마가 자기 아이를 양육하겠다는 의지를 용인하지 않는다. 가부장제 하의 가장은 '조력'이라 말하고 사실은 '폭력'을 행사한다.

어린 엄마는 자신 삶의 여정에서 일어난 가장 중요한 사건을 은폐하고, 자기를 억압하는 삶의 길에 나선다. 다시 방황하는 홈리스가 되어서. 자신의 존재성에 스크래치가 난 채로, 가장 소중한 또 다른 자기를 상실한 생의 여정을 걸어가도록 강제당한다. 사랑하고 존경하는 부모에 의해, 사랑하고 존경하기 때문에, 존재의 얼굴을 할큄 당한 채로 살아간다. 그리고 그런 삶을 되돌리기에는 너무 늦어 스스로 그 스크래치를 자신의 일부로 안고 산다. 그 스크래치 뒤에 있는 자기를 들키지 않고, 세탁된 낯선 자신의 존재성의 안위에 집착한다. 그 스크래치가 벗겨지는 순간, 오늘 남아 있는 자기의 존재성마저도 동시에 위기에 처할 수밖에 없기 때문이다. 이는 이 스크래치를 벗어 내동댕이치는 순간, 사랑하는 엄마와 존경하는 아버지의 가부장적 존엄이 무너진다는 신화에도 복무하는 삶을 사는 것이기도 하다.

보편적 출생등록제, 원래의 자기에 대한 권리rights to origin

가족의 이름으로, 사랑의 이름으로 어린 엄마의 양육권을 박탈해버리는 사태에서 결정적인 피해자는 사실 어린 엄마의 아이이다. 아이의 출생등록을 어린 엄마에게서 빼앗아 할아버지와 할머니 밑으로 가져와 버리는 이 사건 안에서 아이는 졸지에 할아버지와 할머니의 자식이라는 신분을 얻고 어린 엄마의 동생이 된다. 사회적 안전장치라는 명분은 과연 이 아이를 위한 것일까? 엄마를 누나라고 부르면서 사는 이 기이한 삶의 여정에 오른 아이가 미래에 감당해야 할 혼란과 신뢰의 괴멸에 대한 해답이 과연 가능할까?

유엔아동권리협약 제7조 1항은 아동이 출생 후 즉시 등록해야 하며 성명권과 국적 취득권을 가지며 가능한 한 자신의 부모를 알고 부모에 의해 양육 받을 권리를 가진다고 명시한다. 제7조 2항은 나아가 당사국은 이 분야의 국내법 및 관련 국제문서상의 의무에 따라 이러한 권리가 실행되도록 보장하여야 함을 천명한다.

출생의 진실에 따라 아동의 출생이 국가의 공부公簿에 등록되도록 해야 할 의무가 그 사회의 구성원과 국가에 있다는 이야기다. 이건 아동의 권리, 아동 자신에게 속한 고유의 정체성에 관한 권리이다. 한마디로 이 권리에 심지어 부모이든 조부모든 제삼자가 손을 대서는 안 된다는 것이다. 여기에 손을 대는 것은 인간 존엄성과 인격권에 대한 침해행위이다. 출생등록을 왜곡하는 것은 한 사람 삶의 근거 자체에 대한 침해이자, 그 기반을 무너뜨리는 일이다. 그것은 어떤 명분으로도 실천되어서는 안 되는 일이다.

최근 대법원에서 조부모가 자식이 출산한 아동의 부모가 될 수 있는 길, 즉 조부모 입양을 허여許與하는 판결을 내렸다. 그 판결에서 아동 최선의 이익이 여러 차례 거론되고, 조부모가 학령아동 아이의 학부모 노릇을 하고자 하는 사랑에 찬 의무감, 혹은 입양의 동기가 언급되면서 조부모가 아이의 부모가 되고 아이는 엄마의 동생이 되는 출생의 진실, 즉 존재성의 밑판을 갈아 끼워도 좋다는 판결이 나왔다. 한 사람 출생의 진실성에 기초한 국가의 공부公簿 마련의 이 대원칙에 균열과 예외가 가능하게 하는 길이 열렸다. 그러나 비록 고명하신 대법원 전원회의 판결이라 할지라도, 이는 금단의 사과에 손을 댄 것이나 다름이 없다. 왜냐하면 이는 아동만이 결정할 수 있는 아동 고유의 권리, 심지어 아동 스스로 생물학적 진실 그 자체에 대해서 겸손할 수밖에 없는 일에 개입해 들어간 일이라고 할 수 있다. 대법원이 아동 자신에게 속한 권리를 빼앗은 형국인 것이다.

사실 입양에서 가장 결정적으로 일어나는 문제는 바로 이 출생등록의 문제다. 세계 최대, 최장기 해외 입양의 역사를 쓰고 있는 이 나라에서 내보낸 아동은 20만 명에 이른다. 이 아동에게 발급된 가족관계등록부(호적

증명서)는 대부분 고아 호적이었다. 입양기관과 지자체와 등기소의 공모 관계 안에서 발급된 문서였다. 친생부모의 후견권 부재증명이었고, 이런 증명이 있어야 많은 경우 국가 간의 입양이 성립될 수 있었기 때문이다. 실제로 친생 부모 사망의 경우에 그런 문서가 발급되는 것은 사실 큰 문제가 없어 보인다. 그러나 이 땅에서 해외로 입양 보내어진 아동은 대부분 부모가 있는 아동, 즉 대부분 아동은 미혼모의 아이들이었다. 미혼모는 자신의 호적 혹은 가족관계등록부에 아이의 출생을 등록하지 않았다. 사실상 일종의 아이가 없는, 즉 결혼하지 않은 사람으로서 신분을 유지했고, 아이는 부모가 없는 고아로 편제되어 등록되었다. 입양 알선 실천의 과정에서 실제로 아이에게 부나 모가 있다는 사실을 인지했음에도 불구하고, 그 사실은 연필로 한쪽 구석에 적어둔 채, 고아 호적이 만들어졌다. 연필로 적어둔 쪽지들은 쉽게 사라졌고, 혹은 의도적으로 폐기하거나 처음부터 기록되지 않은 경우도 광범위하게 실천된 것으로 보인다.

결국 자신의 뿌리를 찾기 위해 모국을 방문하는 입양인 앞에는 자신 출생의 진실이 기록된 문서, 즉, 출생이 등록된 가족관계등록부가 존재하지 않아 비통한 마음으로 발길을 돌리는 사태가 거듭되고 있다. 인간의 근본에 관한 권리, 즉 근원을 알 권리rights to origin라고 한다. 한국은 이 권리를 사실상 타자가 훼손해온 나라다. 입양기관과 지자체의 공모로 이 뿌리를 잘라내어 버린 나라다. 사실상 2012년 이전에 이루어진 국내 입양, 특히 입양기관의 중개로 이루어진 국내 입양인 7만여 명의 아동은 입양가정의 친생자로 출생 등록되었다. 그리고 국가 공부公簿상 등재되었어야 할 자신 출생의 진실은 지워져 버렸고, 결국 이 시기의 국내 입양인 역시 자신의 근원을 알 권리를 훼손당한 채 살아가고 있다.

서두에서 입양삼자Adoption Triad 이야기를 했다. 결국 입양에 있어서 출생등록 문제, 다른 말로 근원을 알 권리rights to origin에 관한 한 입양의 세 주체 중 입양 부모의 욕망과 선호가 가장 크게 반영되는 구조로 되어 있었다. 그래서 입양이라는 삼발이 솥단지는 기울어진 채로, 그래서 입양아동, 당연히 후에는 성인이 되는 사람들과 어린 엄마의 진정한 바람은 심층적 층위에서부터 표면적 실천까지 철저하게 외면당하고 훼손당하는 방식으로 작동해 왔다.

자, 이제 바로 이런 입양에 대한 기독교의 자가당착적 사랑 담론, 산업화한 입양기관의 욕망, 가부장적 가족 내부의 역동으로서의 폭력 혹은 권력이 선희 감독의 이 다큐멘터리 〈포겟 미 낫-엄마에게 쓰는 편지〉에서 어떤 모습으로 재현되고 있는지 다음 장으로 들어가 보자.

3. 어린 엄마들의 얼굴을 긁어버린 스크래치, 희뿌연 자국, 돌발흔적

용서하시라. 영화학도가 아닌 사람이 선희 엥엘스토프트의 〈포겟 미 낫〉에 대해 말하는 자리에 질 들뢰즈Gilles Deleuze가 말하는 '돌발흔적'이라는 미학적 개념을 원용하는 것을.8) 선희 감독의 이 다큐멘터리를 보는

---

8) 질 들뢰즈, 『감각의 논리』(민음사, 2003), 115~128쪽.

사람을 가장 불편하게 하는 것은 화면이 전개되는 처음부터 끝까지 어린 엄마들의 얼굴을 지워버린 '희뿌연 자국'이다. 이 '희뿌연 자국'은 영화의 스토리 라인에 담담하게 혹은 절절하게 흘러나오는 이야기와 시퀀스, 아름답기도 하고 우울하기도 한 풍광, 잔잔하고 슬픈 음악 선율의 흐름 한가운데로 치고 들어온 '돌발흔적'이다. 그것은 우리가 통상 '모자이크 처리'라고 이름하는 거친 '스크래치'9)에 다름 아니다.

들뢰즈는 프란시스 베이컨의 회화를 논하는 그의 책 『감각의 논리』 제12장에서 '돌발흔적'을 다음과 같이 정의한다.

> 돌발흔적은 구상적이고 타당해 보이는 주어진 여건들 안에, 화폭 위에 내습한 대재난과도 같은 것이다. 이것은 마치 다른 세계의 솟아남과도 같은 것이다.

질 들뢰즈가 이야기하는 것은 회화에 관한 것이다. 이를 바로 영화로 가져다 쓰는 것은 그의 미학을 오용하는 일일 수도 있다. 그러나 프란시스 베이컨의 작품에 대한 들뢰즈의 해석적 진술이 지닌 함의를 선희 감독의 다큐멘터리를 이해하는 렌즈로 사용해도 크게 엇나가는 일은 아닐 것이다. 선희 감독이 이 다큐멘터리에서 통렬한 아픔 중 스크래치 해버린 것은 어린 엄마들의 얼굴이다. 어린 엄마들은 서사의 주인공임에도 불구

---

9) 일부러 모자이크 처리라는 기계적이고 건조한 표현을 피하고 '스크래치'라는 말을 쓴다. 화가가 작업을 마친 그림을 앞에 두고, 인물의 얼굴을 그림칼로 긁어내어 캔버스의 흰 바닥까지 드러내어 버리는 장면을 떠올리며, 이 다큐멘터리에서 모자이크 처리는 그런 상황이 주는 낯섦과 파괴성을 표현할 수 있겠다 싶어, 비록 영어 표현이지만 스크래치(scratch)라는 단어를 사용하기로 한다.

하고, 서사 전개의 과정에서 얼굴이 희뿌옇게 긁어내어 버림을 당하는 일은 어린 엄마들에게도 감독에게도 상상할 수 없는 어떤 위력이 덮치고 있음을 드러낸다. 낯선 어떤 힘이, 어린 엄마들과 감독이 평화를 누리고 싶어 하는 세상과는 다른 역동을 지닌 어떤 외부 세력이 갑자기 영화에 참여하는 어린 엄마들에게, 그리고 어린 엄마들의 이야기를 영상에 담고 편집하는 선희 감독에게로 재난처럼 내습하고 군림하는 것이다. 그 군림하는 힘은 어린 엄마들의 얼굴을 긁어낸 후, 그 부분에 아무것도 보이지 않은 '희뿌연 자국'을 남긴다. 재난은 그 '희뿌연 자국' 아래 원래 있었던 무엇인가를 지웠다는 것을 보여준다. 동시에 그 지운 힘의 정체가 무엇인지를 구상적으로 말하는 대신 '희뿌연 자국' 안에서 정체를 은닉한다. 통상 정체를 감춤으로써 존재하는 것은 전능한 힘을 발휘한다. 선희 감독의 이 다큐멘터리는 바로 이 스크래치를 통해 이런 전능한 힘을 발휘하는 그 무엇이 입양이라는 여정에 오르는 사람들에게 작동하고 있음을 역설적으로 드러낸다. 실제로 이 흔적들은 영화 서사의 흐름에 자연스레 스며드는 무엇이 아니라, 서사 그 자체에 깃든 어린 엄마들의 열망과 마음의 흐름과의 관계에서 비합리적이며, 비의지적 혹은 반의지적이며, 사고事故적이다.[10) 이것은 감각적이고 감정적인 얼룩이며 혼동으로 가득한 그 무엇이며, 화면에 대한 폭력, 어린 엄마들에 대한 폭력, 감독에 대한 폭력이다. 이 스크래치는 아주 메마르고 거친 방식으로 작업이 이루어져 있지만, 이 얼룩은 눈물과 좌절과 아픔과 혼동된 감각의 응축 덩어리다.

---

10) 질 들뢰즈, 『감각의 논리』, 117쪽.

이 돌발흔적은 모순적이게도 어린 엄마들의 얼굴을 빼앗아, 어린 엄마들을 익명화시킴으로 그들의 현재적 삶을 보호하는 장치다. 동시에 어린 엄마들이 그런 보호 장치 없이 맨얼굴로 영화에서 드러내는 순간, 우리 사회가 달려들어 그 얼굴에 험한 생채기를 내고 말리라는 것을 암암리에 드러내 주는 장치이기도 하다. 이는 이 다큐멘터리에 등장하는 어린 엄마들의 삶과 존재성에 대해 한국 사회가 폭력적인 괴물이라는 말이기도 하다. 어린 엄마들의 시선으로 본다면, 한국 사회는 그녀들의 얼굴을 먹어버리려고 달려드는 거대한 괴물이다. 얼굴을 먹어버리는 일은 전 존재를 먹어버리는 일이다. 루쉰魯迅이 「광인일기狂人日記」에서 말하는 바, 식인 사회의 모습이 이 엄마들의 스크래치 당한 얼굴 가운데 얼핏 비쳐들고 있음을 느끼게 해준다.11) 이 돌발흔적은 자기 사회 내부의 모든 구성원이 자신 삶의 진실을 있는 그대로 드러낼 '존재성'을 용인하지 않은 우리 사회의 험하고 거친 역동이자, 그 누구에겐가는 성원권을 박탈해버리는 그런 힘의 표현이기도 하다.

필자는 선희 감독의 이 다큐멘터리 작업의 초기 리서치 단계부터 개봉에 이르는 과정에 이런저런 사연으로 함께 할 수 있었다. 2013년에 기초적 촬영이 시작되어 2015년 무렵 편집에 들어갔다. 하지만 2021년에야 개봉을 하게 되었으니, 촬영과 편집 그리고 개봉의 고비를 넘는 일이 얼마나 어려웠는지를 보여준다. 이 어려움을 초래한 핵심은 바로 이 스크래치와 관련된 것이었다. 선희 감독은 바로 이 스크래치에 그 존재를 숨기고 있는 바로 그 힘이 자신을 낳아준 엄마와 헤어지게 하고,

---

11) 김현경. 『사람, 장소, 환대』(문학과 지성사, 2015), 220쪽 참조.

덴마크라는 낯설고 먼 나라로 자기를 보내버린 힘이라는 것을 알고 있었다. 그녀가 이 다큐멘터리를 만든 목적은 그 힘의 정체를 드러냄으로 그 힘을 제거하는 일이었다. 선희 감독이 이 영화를 통해 꾸었던 꿈은, 더는 자기와 같은 어린 생명이 어린 엄마에게서 태어났을 때 '이별과 상실separation and loss'이라는 폭력에 노출되는 일이 없는 사회에 대한 꿈이었다.

미혼모의 집 원장과 사회복지사, 목사 부부와 입양기관 사회복지사는 모두 얼굴을 가지고 이 영화에 등장하고, 그들은 현실에서도 그렇게 산다. 어린 엄마들은 그렇지 못하다. 어린 엄마만이 아니라, 심지어 잠깐 등장하지만 나이 든 엄마도 그랬다. 나이가 있는 엄마도 결혼이라는 제도에 이르지 못한 채 임신하는 순간 비자발적 비존재화의 여정이 시작함을 보여준다.

자신의 존재를 있는 모습 그대로 표현해도 되고, 그것이 환대 받으며 필요한 경우 조력을 받을 수 있을 때, 사람은 비로소 사회의 일원이 되고 성원권을 온전히 인정받는다. 자기와의 관계에서 진실인 것이 사회와의 관계에서 부인당하거나 억압당할 일이 없을 때, 그 사회는 그 사람에게 집이 된다. 〈포겟 미 낫-엄마에게 쓰는 편지〉는 우리 사회가 '누구에게는 집'이 될 수 있지만, '누구에게는 집'이 될 수 없다는 것을 보여준다. 우리 사회가 결혼 밖에서 임신, 출산, 양육의 길을 걷게 된 이 어린 엄마들에게 환대의 공간을 마련하는 대신 있는 그대로의 자신, 스스로 선택한 자신을 부인하도록 강제하고, 뺨을 갈기고 스크래치를 낸다. 그들의 선택은 부인당하고, 진실한 자신을 사회와의 관계에서 비밀로 삼도록, 은폐하도록 강요하고, 평생 자기분열의 신음소리를 내며 살아가게 만든다. 그들은 자기 사회에서 현실적으로 혹은 상징적으로 홈리스가 되어 갈 곳이 없는 사람들이 된다. 이 다큐멘터리에서 미혼모의 집 사회복지사는 한 어린 엄마에게 묻는다. "퇴소하면 어디로 갈 거야?" 어린 엄마는 대답한다. "갈 곳이 없어요." 물리적으로 돌아갈 집이 없고, 사회적으로 자신을 받아주는 환대의 사회적 관계망이 없다는 이야기다. 이들은 사회 내부에서 난민이 되었고, 지금도 내부 난민으로 살아가고 있다.

필자는 이 다큐멘터리의 기획 단계(임신)에서부터 마지막 극장 개봉(출산)까지의 과정을 비교적 가까이에서 감독을 지켜볼 수 있었다. 특히 마지막 과정에서 감독이 모자이크를 놓고 겪는 격렬한 심리적 과정을 목격할 수 있었다. 어린 엄마들의 얼굴에 스크래치scratch를 내야 하는 감독은 실제로 그들의 얼굴에 스크래치를 내는 일이 피를 흘려야 하는 일인 것처럼 느끼고 있었다. 감독은 어린 엄마들을 있는 모습 그대로 보여주고 싶어했다. 출산한 핏덩이 생명을 안고 보무당당하게 생의 여정을 걸어가는 어린 엄마들의 아름다운 모습을 그려내고 싶어했다. 어린 엄마들의 눈물을 스크래치를 통해 화면에서 덜어내어 버리는 일을 하며, 감독은 스스로 폭력의 가담자인 양 깊은 자괴감 가운데서 신음했다.

가위눌린 것 같아요. 숨을 쉴 수가 없어요. 한국은 나를 먼 나라로 보내고, 왜 내게 이런 억압, 이런 폭력을 가하는 건가요. 저 스크래치를 걸어 내고 내 엄마의 얼굴을 보고 싶어요. 엄마의 얼굴을 만지며 눈물을 닦아 주며, 엄마를 안아주고 싶어요. 그렇지만 내가 만든 이 영화에서조차 나는 엄마의 얼굴, 엄마들의 얼굴을 볼 수 없어요. 내 단호한 꿈은 저 스크래치를 걷어 내고, 엄마들의 존재를 있는 그대로 드러내어 드리는 거예요. 언젠가 모자이크 처리하지 않은 이 다큐멘터리의 상영회를 여는 것이 저의 소원입니다.

엄마와 딸 사이, 미혼모와 우리 사이에 그어진 금기의 상징, 이 금기를 강요하는 이 오래된 폭력, 그리고 아직도 살아서 엄마들의 얼굴을 할퀴는 이 폭력은 어디에서 오는 것일까? 그것은 사랑의 이름을 가졌으나 사랑이 아닌 사랑(기독교), 그것이 사회복지의 이름을 가졌으나, 사회복지가 아닌 산업이 된 욕망(입양기관), 가족의 온전함이라는 이름을 가졌으나 사실은 가부장의 체면을 엄호하는 권력(가부장제)으로부터 온다. 위선적 사랑을 그 본질로 하고 있다시피 한 기독교, 산업적 욕망으로 그 본말이 전도된 입양기관, 그리고 정상가족 이데올로기를 장착한 가부장제 가족으로부터 그 폭력이 흘러나온다. 기독교와 입양기관과 가족은 그 원래의 의미에 비추어 형용모순의 괴물이 되어, 어린 엄마들의 삶을 무너뜨리고 있다.

우리는 조력자가 부재한 세상을 살고 있다. 기독교는 자신의 종교가 지닌 구원의 신화를 위해서 미혼모에게 조력하는 대신, 기독교의 구원하는 사랑과 사랑의 사건을 자신 존재의 드라마로 만드는 일을 절대로 포기하지 않는다. 입양기관은 아동 획득을 기반으로 성립하는 산업적 욕망을 포기할 수 없다. 더 많은 엄마와 아동의 분리와 이별이 그들 존재의 토대와 영광의 재료가 된다. 입양기관은 엄마와 아동의 비극을 서식처로 삼고 권력과 영광을 누리는 괴물 되기를 내려놓은 적이 없다. 가부장제는 어린 엄마들이 자기에 대해서 표현하기와 스스로 결정하기에 대해서 용인하지 않는다. 이것이 국제 입양의 서식처이고, 아동과 모성의 분리와 이별을 생산하는 역동이다.

그러나 마지막으로 드리고 싶은 말씀, 감독 선희 엥엘스토프트는 입양인으로서 미혼모였던 엄마에 대한 근원적 연대의식을 가지고 있다. 선희 감독은 세 엄마의 얼굴에 덧씌워진 스크래치를 벗겨내고 그들의 얼굴을 화면에 드러내는 순간, 엄마들의 현재가 곤경에 내어 몰린다는 것을 알고 있다. 그래서 그녀는 이 사태를 받아들이고, 견딜 수 없는 고통에 시달리면서도 엄마들의 얼굴을 화면으로부터 긁어 '희뿌연 자국'을 내었다. 가족을 상실하고 이국땅에서 자신의 존재성을 있는 그대로 존중받지 못하는 삶이, 다른 말로, 얼굴을 할큄 당하는 삶이 어떤지를 너무도 잘 알고 있기에 그녀는 차마 어린 엄마들이 자신의 다큐멘터리를 통해 그런 위험에 내어 몰리는 일을 받아들일 수 없었다. 비록 기독교와 입양기관과 가부장제에 대해서 비통한 분노에 시달리는 한이 있어도, 어린 엄마들의 현재적 삶에 실질적으로 스크래치를 당하게 하는 현실을 피하게 하고 싶었다. 그래서 영화 촬영으로부터 8년이 지난 오늘 어린 엄마들의 삶을 지켜주기 위해서는 차마 엄마들의 얼굴에 덧씌워진 스크래치를 없애지 않고, 어린 엄마들의 현재의 삶에 자신을 바치고 연대한다. 여기서 우리는 어린 엄마들의 얼굴을 화면에서 덜어내는 바로 그 힘이 오늘의 현실에서도 작동하고 있고, 결국 어린 엄마들과 감독을 굴복시켜 패배로 이끄는 듯 보인다. 그러나 바로 그렇게 함으로 억압하는 힘의 존재와 정체를 오히려 영화라는 빛의 예술 가운데로 드러낸다. 예수가 십자가의 죽음 가운데서 비소로 악의 정체를 드러내었듯, 〈포켓

미 낫-엄마에게 쓰는 편지〉는 스크래치의 '희뿌연 자국'이 드러내는 상처와 패배자의 슬픔에 관한 서사를 통해 마침내 악의 얼굴은 드러나고야 만다.

나가는 말

영화에 문외한이기는 하나, 주워들은 이야기에 의하면, 아주 자연스럽고 부드럽게 움직이는 화면을 구현하기 위해서는 1초에 30장 정도의 정지화상을 연속적으로 송출할 수 있어야 한다고 한다. 그런 점에서 선희 감독의 이 다큐멘터리가 상영되는 86분 동안을 정지화상으로 바꾸면, 적어도 15만 4천8백 정지화상으로 늘어놓을 수 있을 것이다. 이런 이야기를 하는 까닭은 선희 감독의 이 영화를 단 한 장의 그림, 단 한 폭의 회화로 표현한다면, 그 그림은 어떤 모습일까를 상상해보기 위해서다. 주제에 비추어 생각해본다면, 단 한 장의 그림이라면, 그 그림은 아이와의 이별과 상실을 경험하는 어린 엄마 셋의 초상화가 될 것이다. 세 어린 엄마의 모습, 그러나 그 얼굴이 지워져 버린 회화 작품. 재난의 내습, 깊고 거친 돌발흔적을 지닌 그런 초상화, 상상이 가는가? 끔찍하지 않은가? 그게 우리 사회의 자화상인 것을. 선희 감독이 하는 말이 들리지 않는가?

나로 내 엄마의 얼굴을 보게 하라. '희뿌연 자국' 너머에서 나에게로 다가오고 있는 엄마의 얼굴을 보고, 얼싸안고 만지며, '이별과 상실'의 아픔을 어루만지며, 나와 엄마로 하여금 애도하게 하라.

김도현

서울대학교 사범대학, 장로회신학대학원

Birmingham University 선교신학 MPhil

사단법인 뿌리의집 대표

"진정한 평화는 단지 긴장의 부재가 아니다. 그것은 정의의 현존이다."

마틴 루터 킹 주니어

'시민과 함께하는 인권 서로 배우기'는 매년 4월에 시작해 11월 혹은 12월에 마친다. 2022년 올해로 4번째 계속해서 진행하지만, 정형화하거나 틀에 갇히지 않으니 지루하지 않다. 이유는 간단하다. 속도와 방향이 분명하기 때문이다. 사람이 사람으로서 누려야 할 권리를 매년 비슷한 시간에, 같은 공간에서 말하고 들으며 서로 비추어 배우는 지향 말이다. 코로나19 팬데믹 상황에서 함께 모이기 어려웠던 시간과 공간을 돌아본다. 그런데도 연구소 공유공간을 찾아와 준 강사와 참여자가 있어서 가능했던 시간과 공간이다. 화요일 저녁에 강좌를 여는 까닭은 퇴근 후에 강의를 듣고자 하는 직장인을 배려했기 때문이다. 그래서 강의를 맡은 선생님은 부득이 하룻밤을 광주에 머물거나 막차로 올라가는 불편함을 감수해야 했다. 이런저런 불편함과 어려움이 있음에도 강의를 위해 빛고을 광주로 한걸음에 달려오는 강사 선생님이 있어서 지루하거나 틀에 갇힐 여력이 없다. 오히려 그런 동력이 거듭 '시민과 함께하는 인권 서로 배우기' 프로그램을 기획하고 시행하도록 추동한다.

코로나19 팬데믹 상황이 가장 극심했던 작년 2021년은 서로 연결된 존재로서 사람이 얼마나 소중한지 확인하고 또 확증하는 시간이며 공간이었다. 사람은 소중하며, 사람과 사람이 서로 연결된 존재임을 인식하고 연대함이 얼마나 멋진 일인가! 하지만 코로나19 팬데믹 상황에서 중심이나 주류에서 주변부로 밀려난 사람이 분명히 존재하고, 목소리를 있는 힘껏 외치지만 듣지 않는 사회와 사람으로부터 소외되고 실망하는 사람이 있음을 기억한다. 이 책은 바로 그 사람들 목소리를 듣고 깨닫고 행동하려는 응답이며, 대안으로 마련한 강의 내용을 엮은 것이다. 팬데믹 상황에 적응하며 생활하는 어려움이 '어른' 사람에게도 벅차고 힘든데, '어린' 사람이 여러모로 힘들고 어려운 처지에 있음을 강의를 통해서 알아차림이 그 사례 가운데 하나다. 인권을 서로 비추고, 서로 배우자는 취지로 시행하는 프로그램이 거듭 스스로 알아차리고 깨달아 배우는 시간과 공간이길 기대한다. 사람이 사람으로서 누려야 할 권리인 인권은 강요나 윽박지르거나 가르치려는 시도가 아니라 스스로 배우는 '페다고지pedagogy'로 가능하리라 믿는다. 그래서 서로 비추고, 서로 배운다는 말을 지속해서 사용하며 실천하려는 것이다.

지난해인 2021년에 진행한 '시민과 함께하는 인권 서로 배우기' 프로그램에 강의를 맡아 주신 선생님이 없었다면 이 책은 세상에 나오지 못했을 것이다. 강의뿐 아니라 강의 원고도 기꺼이 써주고 단행본으로 출간하도록 응원해 준 덕분이다. 글쓰기가 수월한 선생님도, 글 쓰는 어려움을 호소하는 선생님도 모두 다문화평화교육연구소가 지역사회에서 시민과 함께 인권을 서로 배우는 여정을 지지하고 응원하기에 가능한 일이었다. 다시 한번 더 '시민과 함께하는 인권 서로 배우기' 프로그램이 지닌 의미를 여기에 기록함으로써 단행본으로 출간하는 의미를 되새겨 보기로 한다.

하나. 시민을 위한for 강좌가 아니라, 시민과 함께하는with 강좌라는 긴 수식어를 붙인 이유를 설명해야 하겠다. 강의와 강좌 또는 교육이 시민이나 사람을 변화시키고 바꿀 수 있다는 위계적이며 수직적 '오만함'에서 벗어나 수평적 '겸손함'으로 전환할 필요성을 깨달았기 때문이다. 학자와 전문가 그리고 활동가를 중심으로 강좌를 구성하는 한계가 있음에도, 강사와 시민이 위계적 관계가 아니라 동등한 관계라고 인식하는 것이다. 결코 사람은 다른 사람을 변화시킬 수 없으며, 사람은 스스로 깨우쳐 자발적으로 변화한다는 단순하지만 명쾌한 지혜로부터 비롯한 틀의 전환이다.

둘. '서로 배우기'라는 용어를 사용하는 까닭도 밝혀야겠다. 강의를 담당하는 강사와 강좌에 참여하는 시민이 서로 배우기를 실천하는 시간과 공간을 마련한다는 뜻이다. 일방적 '교육education'이란 용어보다는 쌍방향적 서로 배우기, 즉 '페다고지pedagogy'란 용어가 적절함을 내포한다. 물론 일방적 교육과 강의로 사람이 바뀌고 변화할 수 있지만, 그 변화 주체는 개별 존재다. 바꾸고 변화하는 주체는 개인이며, 비추고 배우는 주체 또한 개별 존재다. 이런 의미에서 교육education이 아니라 스스로 깨우쳐 아는 페다고지pedagogy가 바꾸고 변화하는 주된 동력인 것이다. 강의와 강좌에 스스로 깨우쳐 아는 페다고지를 내포해 붙인 이름이 바로 '서로 배우기'다.

셋. '인권'이란 용어가 지닌 무게를 다른 주제와 연결한다. 강의 맡은 선생님께 '인권'과 연결하며 제목을 붙여 강의를 부탁하면 주저하거나 조심스럽게 강의를 맡는다. 왜냐하면 '인권'이란 용어가 지닌 무게가 무겁기 때문일 것이다. 인권을 어떻게 정의하고 강의를 진행하는가에 따라 '인권'이 지닌 무게를 조정할 수 있다고 생각해 다양한 다른 주제와 연결해 요청하고 부탁한다. 사회 전반과 인간사 전반에 속한 모든 주제가 '인권'과 연관한다고 믿는다. 창의적 솔루션, 역사, 보건, 간호, 사회인류학, 종교, 미술, 영화라는 주제에 '인권'이라는 개념을 연결하니 이야기가 풍성하고 다양하다. 사람이 사는 모든 영역이 '인권'과 연결해 있다는 것을 강사도 참여자도 인식한다.

일방적 교육이나 한 방향으로 소통하지 않고, 상호교육이나 상호방향과 서로 스며들며 소통하는 시도가 '인권 서로 배우기'를 실현하는 출발이다. '인권교육'이란 표현 대신에 '인권 서로 배우기'란 표현을 의지적으로 사용하는 이유이기도 하다. 기획 의도와 적절한 강사를 선정하는 일만큼 중요한 일은 '시민과 함께'라는 용어에 나타난 것처럼, 주체적이며 자발적으로 참여하는 '시민'이 '함께'하는 일이다. 직장에 다니는 시민도 참여할 수 있도록 저녁에 강의를 개설한다. 평일 늦은 시간이지만, 기꺼이 자발적으로 찾아와 그 자리에 머물러 함께 해 준 시민이 없었다면 '시민과 함께하는 인권 서로 배우기' 프로그램 진행은 가능하지 않았을 것이다. 그래서 '시민과 함께'라는 말이 소중하고 중요하다. 평화!

인권 현장으로 떠나는 평화로운 화요일

초판 1쇄 발행 | 2022년 10월 7일
초판 2쇄 발행 | 2022년 12월 16일
지은이 | 김홍탁·박노자·김창엽·전경자·정이나·이홍정·이태호·김도현
기 획 | 박흥순(다문화평화교육연구소)
펴낸이 | 최진섭
디자인 | PlanDesign
펴낸곳 | 도서출판 말

출판신고 | 2012년 3월 22일 제2013-000403호
주 소 | 인천시 강화군 전망대로 306번길 54-5
전 화 | 070-7165-7510
전자우편 | dream4star@hanmail.net
ISBN | 979-11-87342-20-5 (0330)
